¿Cómo Llego A Fin de Mes?

Andrés Panasiuk

GRUPO NELSON

Una división de Thomas Nelson Publishers
Desde 1798

NASHVILLE   DALLAS   MÉXICO DF.   RÍO DE JANEIRO

GRUPO NELSON
Una división de Thomas Nelson Publishers
Juntos inspiramos al mundo

Betania es un sello de Editorial Caribe

©2000 Editorial Caribe
una división de Thomas Nelson, Inc.
Nashville, TN —Miami, FL (EE.UU.)

E-Mail: editorial@editorialcaribe.com
www.editorialcaribe.com

ISBN 088113-564-X
ISBN 978-0-88113-564-0

22ª Impresión, 8/2010

Printed in the U.S.A.

DEDICATORIA

A Rochelle, el amor de mi vida, con quien desde hace años vengo compartiendo la desafiante aventura de «llegar a fin de mes»...

Contenido

PRIMERA PARTE
Secretos para ganar

SEGUNDA PARTE
Ingredientes del éxito

TERCERA PARTE:
Sabiduría popular

PRIMERA PARTE

◆ *Secretos para ganar* ◆

¿Cómo llegamos a la prosperidad integral?

Una actitud diferente   /

Los principios del Tao

Una actitud diferente

◆ *Secretos para ganar* ◆

UNA ACTITUD DIFERENTE

La diferencia entre llegar y no llegar

Recuerdo haber leído en algún lugar de la Internet que los antiguos griegos tenían la costumbre de incluir en sus juegos olímpicos una carrera en la que los competidores llevaban una antorcha en sus manos. Para ganar, un corredor no solo debía llegar en primer lugar a la meta, sino también tenía que llegar con su antorcha todavía encendida.[1]

El concepto de prosperidad integral con el que trabajaremos a lo largo de este libro tiene mucho que ver con esa ilustración: no solamente es importante llegar a fin de mes, también es vital llegar a nuestra meta con el resto de nuestra vida balanceada en el contexto de nuestro tiempo, talento y tesoros (tanto tangibles como el dinero, como intangibles como el amor y el respeto de nuestros hijos).

Después de vivir catorce años entrevistando, desarrollando amistades, y aconsejando tanto a ricos como a pobres de nuestro continente americano, me he dado cuenta de que mucha

---

[1]   Stowell, Joseph. Instituto Moody, Chicago, 1999.

gente actúa como si el camino hacia la prosperidad económica fuera una carrera de cien metros planos. Tratan de alcanzar metas financieras en la menor cantidad de tiempo posible; concentran y muchas veces arriesgan tiempo, talentos y tesoros en obtener beneficios económicos que al final no les llevan a la satisfacción personal.

Ricardo es un corredor de bolsa en un país sudamericano. Es un buen amigo y es una buena persona. Sus amigos y familiares le aprecian, y a lo largo de los años ha ayudado a un sinnúmero de gente a salir de aprietos económicos. Ricardo tiene sólo un problema: la última vez que hablamos debía más de un millón de dólares a inversionistas que confiaron en él todos los ahorros de sus vidas.

Cuando comenzó el proceso de globalización y la bolsa de valores de su país comenzó a subir, él usó el dinero que se le había confiado en tratar de hacer algunos negocios que lo llevarían rápidamente a la riqueza. En vez de ello perdió su negocio, perdió su carrera, perdió su reputación, la confianza de sus amigos, su familia y su matrimonio.

Lamentablemente la historia de Ricardo, en diferentes versiones y diferentes situaciones, se repite una y otra vez a lo largo y ancho de nuestro continente. En la medida en que comenzamos este camino juntos a través de este libro, es importante dejar sentado desde el principio que el camino hacia la prosperidad integral no es una carrera de cien metros llanos. La verdad es que la ruta más segura hacia la estabilidad financiera personal y familiar es, en realidad, una carrera a través del país de cinco kilómetros de largo, y además ¡con obstáculos!

Existen principios que nos guían naturalmente hacia la prosperidad y el bienestar integral. Yo los llamo, recordando al famoso escritor inglés C.S. Lewis: «Principios del Tao»:[2] principios eternos colocados por nuestro Creador desde la misma fundación del universo que van más allá de la sociedad en la que uno viva o la religión que uno profese (no confundir con el taoísmo ni con religiones asiáticas).

[2]   C.S. Lewis The Abolition of Man.

En este libro los Principios del Tao son las estrellas que guían al navegante por el mar de la vida, o las luces de la pista que ayudan al piloto a aterrizar su avión sano y salvo en el aeropuerto del destino económico.

Al violarlos (muchas veces sin siquiera saberlo), nos colocamos en el camino equivocado y terminamos el maratón de nuestra vida dándonos cuenta que a pesar de haber llegado entre los primeros corredores, lamentablemente el fuego de nuestra antorcha brilla... por su ausencia. Entonces es cuando nos sentimos vacíos, no nos sentimos satisfechos con los logros alcanzados, o nos damos cuenta de que hemos pagado un precio demasiado alto personal y familiar por el éxito financiero obtenido.

Hemos subido la escalera del éxito solo para darnos cuenta de que estaba apoyada sobre la pared equivocada; llegamos a la cúpula y descubrimos que estábamos solos; pensamos que podríamos tocar el cielo con las manos, y ahora es como si no llegáramos ni a la altura del zócalo.

La gente viola estos principios de diferentes maneras. Por ejemplo, estaba recientemente dando una serie de conferencias en la frontera entre el norte de México y el sur del estado de Tejas, Estados Unidos. Cuando terminó mi primera conferencia en tierra mejicana, Jorge y María se me acercaron y me confiaron que tienen tensiones en su matrimonio a causa de su situación económica. Me dijeron que sus salarios no les permiten vivir dignamente. Jorge trabajaba como obrero en una compañía de la ciudad y ganaba solamente cinco dólares por día. María también trabajaba y ganaba otro tanto.

Es importante notar que en esos días el salario mínimo, vital y móvil en los Estados Unidos era de casi cinco dólares y medio la hora. Entonces ellos estaban ganando en un día lo que un obrero norteamericano ganaba ¡en menos de una hora! Les di una cita para reunirse conmigo un par de días después.

El tema me tocó el corazón, especialmente cuando Jorge me explicó que algunos alimentos costaban tan caros en su pueblo de frontera, que le convenía cruzar al lado norteamericano para hacer dichas compras.

Por otro lado, Ignacio y María Rosa también se me acercaron esa misma noche. María Rosa era la hija del dueño de una empresa importante en la ciudad que se encontraba al otro lado de la frontera, en tierra de habla inglesa. Eran muy buena gente, respetados en su ciudad y en su comunidad de fe; daban donativos con regularidad y ayudaban a los demás cuando podían. Sin embargo, también ellos tenían problemas para controlar su vida económica. Ignacio me confesó que con las entradas que tenían no les era posible vivir dignamente. Cuando pregunté, María Rosa me contestó que la suma de ambos salarios era de unos diez mil dólares al mes.

Entonces me pregunté en secreto jocosamente: «¿Los golpeo ahora o los golpeo después?»

Siendo que no se veía bien que un conferencista internacional cometiera un acto de violencia en tierra de un país hermano, preferí no infringir las leyes de la nación azteca y limitarme a darles una cita para el día siguiente cuando estaría visitando su ciudad por algunas horas.

Esa noche pensé: «Si Jorge y María recibieran los diez mil dólares mensuales que ganan Ignacio y María Rosa, se convertirían en la pareja más feliz de la tierra... por los próximos tres años. Lo serían hasta que ellos también se acostumbraran a gastar diez mil dólares por mes, y entonces ¡tampoco les alcanzaría para vivir «dignamente».

Las dos parejas, aunque provenían de trasfondos económicos diferentes, en realidad tenían el mismo problema: el violar principios que podrían haberles hecho integralmente prósperos en el nivel social que les tocaba vivir. Su situación, como la de otras miles de familias a lo largo y ancho de Latinoamérica, prueban una verdad tan cierta como que Dios existe: *La diferencia entre llegar a fin de mes y no llegar no se encuentra en la cantidad de dinero que ganamos, sino en la que gastamos.* Este es uno de los principios que forma parte de los famosos Principios del Tao que quiero hacerle saber a usted en este libro.

La premisa es que con excepción de aquellos que viven en condiciones extremas, todos hemos recibido lo suficiente como para sustentarnos y proveer para nuestras necesidades básicas.

La diferencia entre el éxito y el fracaso económico se encuentra primordialmente en controlar de una manera efectiva los gastos que tenemos y no tanto en incrementar nuestras entradas.

El dinero dice mucho

La forma en que gastamos nuestro dinero es la clave que finalmente determinará si llegamos o no a fin de mes. Sin embargo, es importante notar que la forma en que gastamos nuestro dinero está íntimamente ligada a la forma en que tomamos decisiones en la vida. A su vez, la forma en que tomamos decisiones en la vida está íntimamente ligada a nuestra escala de valores; y finalmente, esa escala de valores es fruto directo de nuestro carácter.

Bien lo dice el Dr. Larry Burkett, fundador y presidente de Conceptos Financieros Cristianos: «La forma en que manejamos nuestro dinero es una demostración externa de una condición espiritual interna».[3] La forma en que manejamos nuestra vida económica habla mucho de quiénes somos como personas y de qué es lo que realmente valoramos en la vida.

Por ejemplo, recuerdo haber salido a comprar una cocina en Santa Cruz de la Sierra, Bolivia. El vendedor, muy amablemente, me explicó que yo tenía dos opciones: comprar la cocina al contado por $350 o comprarla en diez cuotas iguales de $53 cada una.

Un comprador avezado notará inmediatamente que la diferencia entre comprar la cocina al contado y a plazos estaba en el orden de los $180, el sueldo mensual de una maestra boliviana para esa época. La pregunta es entonces: ¿Cuál es la diferencia entre el cambiar la cocina, comprarla ahora a plazos pagando $530, y el colocar cada mes por diez meses $35 dentro de un sobrecito para poder comprarla al contado más adelante?

[3] Dr. Larry Burkett, seminario «La familia y sus finanzas». Christian Financial Concepts, 1998.

La diferencia no está en mi capacidad económica, tendré que hacer los pagos mensualmente de todas maneras, sean $35 a mi propio sobrecito o $53 al negocio donde compré la cocina. La diferencia está en mis valores personales.

Para poder esperar diez meses antes de poder traer la cocina a casa, necesito tener un fruto muy particular en el árbol de mi carácter personal: el fruto de la paciencia. Además, para tener la consistencia de colocar todos los meses el dinero en ese sobre y resistir la tentación de gastarme el dinero antes de tiempo, necesito también sumarle a la paciencia dominio propio.

Tanto la paciencia como el dominio propio son manifestaciones de mi carácter personal que me permiten ir en contra de la tendencia natural de la economía de mercado (a la cual nos está llevando el proceso de globalización), y me permiten disfrutar de una cualidad que se encuentra en un peligroso estado de extinción: la de la gratificación diferida (el saber esperar para tener lo que quiero hasta que llegue el momento apropiado para comprarlo).

Allí es donde nuestra vida espiritual toca nuestras billeteras: para todos aquellos latinoamericanos que nos llamamos cristianos, San Pablo enseña que tanto la paciencia como el dominio propio son el fruto de la presencia de Dios en nuestras vidas.[4] Interesante descubrimiento, ¿no? Personalmente este hallazgo me ha llevado a explorar más íntimamente mi cristianismo.

De todos modos, la forma en que usted maneja su dinero tiene mucho que decir sobre quién realmente es en su interior. Habla, por ejemplo, de sus valores.

Supóngase que está manejando por la carretera a unos ciento veinte kilómetros por hora y le detiene un policía por exceso de velocidad. Cuando él se acerca, usted saca una cierta cantidad de dinero para ofrecérsela como un «regalo» de su familia por no hacerle la boleta de tránsito que le correspondería. Esa decisión (la de sobornar a la autoridad pública con el fin de lograr un beneficio personal) habla de su carácter; habla de sus

---

[4]   San Pablo. Carta a los Gálatas, capítulo 5, versos 22 y 23.

valores personales; dice que no tiene en alta estima a la ley de su país, y que cree que el fin justifica los medios.

Lo mismo uno podría deducir de una persona que al momento de llenar su declaración de impuestos repentinamente sufre de un ataque de amnesia selectiva, y como consecuencia pierde la memoria de cómo ganó el dinero que trajo a su hogar ese año o cómo hizo ciertos negocios. Si uno tiene dos libros: uno blanco y otro negro; si uno trae cosas del otro lado de la frontera del país y no paga los impuestos correspondientes... esas decisiones económicas hablan del carácter de una persona, de sus valores. Son el espejo de su corazón.

De adentro hacia afuera

Por eso cuando hablamos de llegar a la meta de la prosperidad integral, debemos comenzar parafraseando a Albert Einstein. Él diría que «los problemas económicos que confrontamos hoy no los podremos resolver con el mismo nivel de pensamiento que nos llevaron a tener esos problemas en primera instancia». Dicho en otras palabras, la única manera de mejorar nuestra situación económica actual es moviéndonos hacia un nivel de ideas y valores más altos que el nivel de ideas y valores que nos llevó hasta el lugar en el que nos encontramos hoy en día.

Ahora permítame traducir este otro principio al idioma criollo. En mi país diríamos: «Aunque la mona se vista de seda, ¡mona se queda!»

Por esa razón la mayoría de los libros sobre «cómo hacerse rico en cuarenta días» no cumplen con su cometido. Es en vano tratar de manejar un automóvil sin motor o tratar de cabalgar un caballo muerto. Uno debe dejar de creer que cambios superficiales y cosméticos nos ayudarán a realizar verdaderos y permanentes avances en el ámbito de la prosperidad.

Las damas saben esto muy bien. Todos aquellos que hemos sufrido bajo el rigor de las dietas sabemos que matarnos de hambre para bajar dos o tres kilos en una semana no sirve de mucho. Lo más probable es que los kilos vuelvan a nuestra vida (y a nuestro cuerpo) un par de semanas más tarde.

Para bajar de peso de una vez y para siempre hace falta un cambio más profundo en nuestro estilo de vida: Necesitamos comenzar a ver la comida y a contemplarnos en forma diferente. Ello nos llevará a establecer una nueva relación entre nosotros y los alimentos que ingerimos. Al establecer esa nueva relación, también estableceremos nuevos patrones de selección de las comidas y nuevos patrones de cocción (¡patrones críticos para bajar de peso en Latinoamérica!).

Una vez establecidos esos nuevos patrones, nuestro cuerpo reaccionará positivamente al cambio y bajaremos de peso para nunca más volver a ganarlo. La razón primordial del éxito no fue el haber hecho una dieta; esta vez hemos logrado controlar nuestro peso por el resto de nuestras vidas porque hemos producido un cambio en nuestro estilo de vida de adentro hacia afuera. Ese cambio fue el resultado, por sobre todas las cosas, de un cambio filosófico interior primero, y luego de un cambio de comportamiento externo que nos llevó a lograr la meta que teníamos por delante.

Si Einstein fuera latinoamericano y estuviera escribiendo este libro, quizá nos lo explicaría diciendo: «Primero cambiamos a la mona por una bella joven de dieciocho años, y luego la vestimos de seda».

La literatura del ser y del hacer

Después de leer a Stephen Covey en *Los Siete hábitos de la gente altamente efectiva* me he convencido de que el pragmatismo del «cómo hacer...», dentro de nuestros países de habla hispana, es resultado, primordialmente, de los últimos cincuenta años de literatura del éxito en los Estados Unidos.[5] De acuerdo con Covey, en los últimos doscientos años de literatura norteamericana sobre el tema de cómo alcanzar el éxito en la vida, los

[5]   Covey, Stephen. «The 7 Habits of Highly Effective People» Simon & Shuster, 1990. Pp 18, 19.

primeros ciento cincuenta (aquellos años formativos del país como una potencia económica mundial) apuntan primordialmente al carácter personal como la fuente de la cual surgirían los elementos necesarios para triunfar. Me gustaría llamar a esta literatura «la literatura del *ser*».

Esta literatura estaba profundamente influenciada por el trasfondo religioso que los colonizadores de esas tierras trajeron desde Inglaterra y otros países europeos. Solo basta pasearse por los monumentos dejados en el corazón de la ciudad de Washington para notar las numerosas referencias a Dios y los textos escritos sobre ellos tomados directamente de las Escrituras.

No era extraño que a finales del siglo pasado en escuelas como Harvard y Yale (dos universidades fundadas por comunidades de fe bautista) los maestros enseñaran administración y economía con Biblia en mano, citando textos bíblicos con sus capítulos y versículos incluidos en las notas.

La literatura del *ser*, según Covey, apunta primordialmente a moldear nuestro carácter: a tocar temas como la integridad, la humildad, la fidelidad, la valentía, el honor, la paciencia, el trabajo industrioso, la modestia y la simplicidad.

Es interesante notar que son justamente ese tipo de consejos los que escribe a su heredera en sus famosas *Máximas para mi hija* don José de San Martín, el famoso libertador argentino.

Sin embargo, y por otro lado, desde los años 1940 en adelante se nota un incremento considerable de una literatura del éxito superficial, una literatura técnica, orientada hacia los procesos. El éxito, entonces, comienza a depender de la personalidad, de las actitudes, del comportamiento. El énfasis en esta literatura, según Covey, tiene dos aspectos fundamentales: Por un lado se enseña al lector cómo manejar las relaciones interpersonales, y por el otro se le enseña a tener una «A.M.P.» (Actitud Mental Positiva). Esta es la literatura que yo llamaría «la literatura del *hacer*».

Típicos temas de esta clase de libros podrían ser (y aquí estoy citando títulos imaginarios): *Los cinco pasos para hacer amigos y venderles todo lo que usted quiera*, *Los tres secretos para el éxito*,

Cómo vestirnos para triunfar, Lo que su mente puede creer, usted lo puede hacer, y cosas por el estilo.

Este tipo de literatura no es errónea, simplemente es importante entender que la literatura del *hacer* llega al público norteamericano después de ciento cincuenta años de énfasis en la literatura del *ser*. Una construye sobre la otra. El problema es que, al parecer, nuestras sociedades se han olvidado de la literatura que apunta hacia la formación de nuestro carácter para enfatizar primordialmente en la que apunta hacia los procesos y técnicas pragmáticas. Eso es normal en Latinoamérica: absorbemos todo lo que viene del norte sin filtros ni anestesias.

La literatura del *hacer* nos deja con una sensación de estar vacíos, nos enseña a crear una máscara exterior y a aparentar lo que no somos con el fin de obtener los resultados que queremos. Estos procesos no son permanentes como tampoco lo son sus resultados.

Aquí entonces hay otro de los Principios del Tao: el *ser* en la vida es mucho más importante que el *hacer*.

La tensión entre el *ser* y el *hacer*, sin embargo, no parece ser nueva en la historia de la humanidad. Quizá se remonta tan antiguamente como a la relación entre Caín y Abel, los hijos de Adán y Eva. Es interesante notar, por ejemplo, que en la literatura profética setecientos años antes de Cristo, en los días del profeta Isaías, Dios rechaza la práctica del ayuno del pueblo de Israel y demanda que el pueblo «desate ligaduras de impiedad, suelte cargas de opresión, deje ir a los quebrantados, comparta el pan con los hambrientos, detenga el dedo amenazador, y sacie el alma afligida».[6]

El énfasis entonces está más en nuestro *ser* que en nuestro *hacer*.

Por eso a lo largo de este libro no apuntaremos primordialmente a dar técnicas para manejar mejor sus finanzas personales (lo que haremos de todos modos hacia la segunda parte del mismo). El enfoque principal de este libro será el producir en usted un cambio de personalidad; cambiarle interiormente

---

[6]   Libro del profeta Isaías, capítulo 58. Siglo VIII AC.

para que ello cambie su comportamiento; darle un nuevo *ser* para que impacte su *hacer*. Prepárese para cambiar.

Principios y valores

Hay una gran diferencia entre principios y valores (a pesar de que la gente utiliza los términos en forma intercambiable). Los valores son aquellas cosas que nosotros creemos importantes en nuestras vidas. Pueden ser buenas o malas.

Por ejemplo, cuando mi familia y yo solíamos servir a la gente de habla hispana en uno de los barrios más violentos de los Estados Unidos, nos dábamos cuenta de que los miembros de las pandillas que controlaban nuestro pedacito de ciudad tenían los mismos valores. Eran valores erróneos, enfermizos, equivocados, pero todos y cada uno de esos pandilleros indiscutiblemente intercambiaban valores que tenían en común.

Los principios, por otro lado, son siempre buenos, siempre correctos. Una persona simplemente los obedece o los desobedece.

Los valores son como los materiales de una casa. Es importante tener los materiales correctos para construir la casa que queremos (¿quién se podría imaginar tratar de construir una casa de cemento y ladrillos con los materiales para construir un avión?).

Los principios, por otro lado, son las normas y reglas que debemos seguir si queremos construir una casa que perdure. No importa qué tipo, tamaño o forma tenga la casa, los principios de su construcción siempre serán los mismos.

Tengo un amigo en los Estados Unidos que se compró una casa nueva hace algunos años. Se llama Carlos. Después de vivir en la casa por unos seis meses, comenzó a notar que una de las paredes tenía una rajadura. Tomó la guía de teléfonos, buscó un carpintero (hay que recordar que en Estados Unidos las casas están hechas de madera y yeso), y lo contrató para que arreglara la rajadura que tenía la pared.

Después de un arduo día de trabajo, el carpintero terminó su labor y le pasó a Carlos una cuenta tan grande que mi amigo pensó que si se hubiera quedado otro día, ¡le hubiera tenido que entregar su primogénito!

Pasaron las semanas, y unos tres meses más tarde Carlos se levantó una mañana para encontrar no solamente que todavía tenía la rajadura original en la misma pared que acababa de arreglar, sino que ahora tenía a toda la «familia rajadura» allí: Papá Rajadura, Mamá Rajadura y como ¡siete u ocho rajaduritas en diferentes lugares!

Nuevamente llamó al carpintero que le había hecho el arreglo original para que le fuera a colocar el yeso a la pared con problemas. Dos días más tarde la pared quedó como nueva. Esta vez solo le costó a Carlos un par de vasos de jugo de naranja y algunos emparedados que le ofreció al trabajador mientras reparaba el mal trabajo realizado en primera instancia.

Los días pasaron, se hicieron semanas y una buena mañana Susana, la esposa de Carlos, al levantarse para desayunar se encuentra de pronto con un ejército de rajaduras en la misma infame pared. Allí estaba, frente a ella, toda la infantería, caballería y artillería del País de las Rajaduras.

Mi buen amigo, entonces, sintiéndose defraudado económicamente, decidió llamar a un carpintero diferente. Cuando el nuevo carpintero llegó, observó las rajaduras, miró la pared, bajó al sótano de la casa, subió al techo, y le dijo a mi amigo algo que él realmente no estaba esperando:

—Yo no le puedo ayudar, señor —dijo el carpintero.

—¿Quéee? —contestó Carlos— ¿Cómo que no me puede ayudar? ¿No es usted un carpintero?, ¿no arregla paredes de yeso?

—Si, soy carpintero y arreglo paredes de yeso. Pero usted no necesita un carpintero, su problema no son las rajaduras. Usted tiene un problema en los cimientos de su casa: las columnas de los cimientos se están moviendo, y hasta que usted no repare el fundamento de la edificación, siempre va a tener rajaduras en esa pared. Usted lo que necesita es un albañil.

El intercambio no solo le proporcionó a Carlos una importante lección sobre cómo resolver problemas de construcción, sino que me ha proporcionado a mí a través de los años una buena ilustración sobre cómo resolver problemas económicos.

La mayoría de la gente ve las «rajaduras» que tiene en su vida financiera y creen que esos son los problemas que deben resolver. Para eso entonces consultan con algún asesor financiero, algún banco, o leen algún libro sobre cuáles son las cosas (o pasos) que deben *hacer* para salir del problema.

Sin embargo, en la gran mayoría de los casos los problemas financieros son solamente la consecuencia de otros problemas más profundos en la vida del individuo, son el resultado de haber violado los Principios eternos colocados por nuestro Creador.

A menos que coloquemos fundamentos sólidos e inamovibles en las bases de nuestra vida, nuestra pared financiera continuará mostrando rajaduras. No importa las veces que creamos haber solucionado el problema con un parche por aquí y otro por allá. Primero debemos cambiar el *ser* para luego ser totalmente efectivos en el *hacer*.

Recuerdo haber escuchado al Dr. Tony Evans, fundador y presidente de La Alternativa Urbana, en Dallas, Texas, contar una historia que tiene mucho que ver con el concepto de lo que un «principio» es para nuestra vida. Voy a ponerle un saborcito hispanoamericano.

Se cuenta que un grupo de barcos de la marina había salido a hacer maniobras de combate por varios días. Una noche, estando el capitán de uno de los barcos en la torre de mando, uno de los marineros le indica que ve una luz acercarse por la proa. El capitán, al darse cuenta de que estaban en peligro de chocar, le indica al marinero que hace señales con luces:

—Haga una señal a ese barco y dígale que estamos a punto de chocar. Aconseje que gire treinta grados.

Al volver, la contestación se leía:

—Aconsejable que ustedes giren treinta grados.

El capitán entonces responde:

—Vaya, marinero, y dígale a ese irrespetuoso: «Soy capitán de la marina de guerra, y le ordeno que gire treinta grados».

La respuesta no se hizo esperar:

—Soy un marinero de segunda clase. Aconsejo que inmediatamente cambie su curso treinta grados.

En ese momento, el capitán estaba totalmente furioso. Gritando a viva voz le dijo al señalero:

—Dígale a ese estúpido: «Esta es la fragata misilística *Río Grande*. Le ordeno a que cambie su curso treinta grados».

Vuelve la contestación:

—Este es el Faro de San Sebastián. Cambien su curso o se hunden.

Entonces la fragata misilística, quietamente, ¡cambió su curso treinta grados!

Los Principios de los que hablaremos en este libro son «El Faro de San Sebastián»: leyes naturales que no se pueden cambiar. Podemos hacer lo que queramos con nuestra vida, pero si desoímos su voz, no nos sorprenda que nos vayamos a pique.

Paradigmas y cambios

Por otro lado, la percepción que tenía el capitán de la fragata misilística de su mundo circundante determinaba su realidad, pues dicen por ahí que «percepción es realidad». Esa percepción de la realidad que nos rodea es lo que en algunos círculos de hombres de negocios de hoy día llaman «paradigma»: la forma en que nosotros percibimos el mundo y las cosas que nos rodean. Puede reflejar la realidad, o puede, como en el caso del capitán de nuestra historia, engañarnos monstruosamente.

Fue un paradigma equivocado el que produjo el desastre del *Titanic* en su viaje inaugural, «el barco imposible de hundir»; también fue lo que llevó a Hitler a atacar a Rusia y perder la Segunda Guerra Mundial; y lo que produjo el desastre del transbordador espacial *Challenger*.

Los paradigmas son poderosos en nuestras vidas; son el lente a través del cual interpretamos la realidad circundante y proveen el ambiente para la toma de decisiones en nuestras vidas, tanto buenas como malas.

Los paradigmas son el mapa que nos permite entender dónde estamos, a dónde queremos ir, y cómo llegaremos a cumplir nuestras metas.

Supongamos que alguien nos invita a visitar la ciudad de Lima, Perú. Cuando llegamos alquilamos un automóvil, tomamos la dirección de la persona que hemos ido a visitar, y como nunca antes hemos estado en esa preciosa ciudad de Sudamérica, pedimos un mapa.

Supongamos, sin embargo, que recibimos un mapa que dice «Lima» en la parte superior, que tiene en su contorno dibujos y fotos de Lima, pero por un error de imprenta, en realidad es un mapa de Caracas, Venezuela. Nosotros podemos tener las mejores intenciones del mundo, podemos ser absolutamente sinceros en tratar de llegar a nuestro destino, podemos tener la mejor Actitud Mental Positiva del mundo y sonreír a los que nos rodean, pero sin el mapa apropiado ¡estamos perdidos!

Esa es la importancia de desarrollar paradigmas correctos en nuestra vida. El secreto para la construcción de nuestro futuro económico se encuentra en colocar como fundamento la obediencia a principios inalterables de vida, construir nuestro futuro económico con los materiales de primera clase provistos por excelentes valores personales, y desarrollar nuestro plan para la prosperidad integral basados en los planos correctos provistos por los paradigmas apropiados.

El objetivo primordial de la primera parte de este libro es, por lo tanto, proveer una lista de principios, enseñar un grupo de valores, y crear el ambiente para realizar importantes cambios de paradigmas que nos permitan disfrutar a plenitud de la vida que Dios nos ha regalado.

A — Una actitud diferente

Como dijimos anteriormente, la primera característica que tiene la gente que alcanza la prosperidad integral es que tienen una actitud diferente hacia la vida. Esas personas se han concentrado primero en el *ser* y luego en el *hacer*, han hecho un

cambio en la forma en que se ven a sí mismas y en la forma en la
que viven cada día, tienen valores que los separa de la «masa»
de gente que les rodea, y han adoptado paradigmas que reflejan
adecuadamente los principios que rigen el mundo de la prosperidad integral.

A continuación les dejaré saber algunos de esos Principios que creo fundamentales para lograr la actitud personal
correcta que nos lleve a la prosperidad balanceada que estamos buscando.

¿Cómo llegamos a la prosperidad integral?

1. Dueños o administradores.

Uno de los primeros paradigmas que debemos cambiar en
nuestra vida es la forma en que nos vemos en relación a las

cosas que nos rodean. Para eso es importante contestar a la pregunta filosófica del «por qué existimos y cuál es nuestra tarea en el mundo».

Obviamente, esa pregunta es demasiado grande para un libro tan pequeño como este. Sin embargo, en cuanto al aspecto del manejo económico, es interesante que de las tres religiones más extensas del mundo (la de los pueblos cristiano, musulmán y judío), todas tienen la misma respuesta para esta pregunta: existe un Creador y nosotros, sus criaturas, hemos sido colocados en este mundo para administrarlo.

A pesar de que uno sea religioso o no, es interesante observar que este principio de administración se encuentre tejido en nuestra humanidad como una fibra que tenemos en común más allá de las culturas y trasfondos sociales. Este es un Principio con P mayúscula, el primer Principio Universal.

A lo largo de los años he notado que la capacidad de una determinada persona para verse como «administrador», «gerente» o «mayordomo» de las cosas que posee es determinante en el proceso de tomar las decisiones adecuadas para alcanzar la prosperidad integral.

Buzz Aldrin, uno de los dos hombres en la historia que pisaron suelo fuera de nuestro planeta, destacó este Principio desde el mismo módulo espacial veinticuatro horas antes de volver a la Tierra.[7] Mientras meditaba en lo que había visto durante su viaje a la luna, tomó inspiración del famoso rey David y citó las palabras del Salmo 8:

> Cuando veo tus cielos, obra de tus dedos,
> La luna y las estrellas que tú formaste,
> Digo: ¿Qué es el hombre, para que tengas de él
>   memoria,
> Y el hijo del hombre, para que lo visites?
> Le has hecho poco menor que los ángeles,
> Y lo coronaste de gloria y de honra.
> Le hiciste señorear sobre las obras de tus manos;

[7] http://www.ksc.nasa.gov/history/apollo/apollo-11/apollo-11.html

Todo lo pusiste debajo de sus pies:
Ovejas y bueyes, todo ello,
Y asimismo las bestias del campo,
Las aves de los cielos y los peces del mar;
Todo cuanto pasa por los senderos del mar...[8]

El mensaje que sale a la luz es claro: tenemos un Creador y Él nos encomendó el planeta en el que vivimos para administrarlo.

Cuando aplicamos este principio a nuestra vida diaria nos damos cuenta que a cada uno de nosotros se nos ha encomendado una cierta cantidad de días para vivir, una cierta cantidad de amigos y familia que atender, y un determinado número de bienes materiales (sean pocos o muchos) que debemos administrar.

Recuerdo la historia de Roberto. Vive en Venezuela y lo han elegido gerente general de una cadena de supermercados. Esa empresa tiene más de cincuenta negocios en todo el país. Al llegar el fin de año Roberto nota que uno de los supermercados en Maracaibo no está andando bien: viene trayendo pérdidas por los últimos tres años, y a pesar de los esfuerzos hechos para reavivar el negocio en esa zona de la ciudad, este año ha cerrado con pérdidas nuevamente. Entonces ¿qué es lo que debe hacer Roberto como gerente de esa cadena de supermercados? Probablemente debe cerrar ese negocio con problemas y estudiar la posibilidad de abrir otro en alguna otra parte.

Por otro lado está Julio. Vive en Puerto Rico. Tiene una tienda que fundó su abuelo. Este se la dio en heredad a su padre, y su padre se la pasó en herencia a él. El problema es que en los últimos tres años el negocio no ha andado muy bien. El año pasado dio serias pérdidas y este año no anda nada mejor.

Ahora la pregunta clave es: ¿A quién le va a costar más, emocionalmente, cerrar el negocio?, ¿a Roberto o a Julio?

Si bien Roberto debe manejar una suma millonaria de

---

[8] Rey David. Salmos [Heb. *Tehillim*] número 8:versos 3 al 8. Literatura poética del Antiguo Testamento. Siglo X A.C.

dinero para cerrar el supermercado que no va muy bien en Maracaibo, seguramente el que va a sufrir más en el proceso va a ser Julio.

¿Por qué?

Porque Roberto es simplemente un gerente, un administrador de una cadena de negocios, pero Julio es *dueño*.

Esa es la gran diferencia entre ser dueños y ser administradores. El Tao indica que nosotros tenemos que aprender a ser administradores, mayordomos, pero la mayoría de la gente se considera dueñas.

El dueño está emocionalmente apegado a sus posesiones; el administrador está emocionalmente desprendido de las cosas materiales que maneja.

El dueño tiene dificultad en tomar las decisiones difíciles que se necesitan tomar, y muchas veces las toma demasiado tarde. El administrador sabe que las posesiones que maneja no son suyas y, por lo tanto, despegado de las emociones, puede tomar las decisiones difíciles fría y oportunamente.

Esta es a veces la diferencia entre la vida y la muerte económica.

Daniela y Juan Carlos viven en Miami. Ahora son excelentes administradores de sus posesiones, pero cuando nos encontramos por primera vez, estaban con una deuda encima que llegaba a los $135.000,00. Ambos tenían excelentes trabajos y ganaban muy bien, pero se encontraban simplemente inundados por la cantidad de pagos mensuales a los diferentes prestamistas con quienes habían hecho negocios.

Cuando terminaron el primer análisis de su economía familiar, Juan Carlos se dio cuenta que si vendían la excelente casa en la que vivían, podrían pagar una buena parte de sus deudas, y de esa manera podrían «respirar» mejor a fin de mes. Con el tiempo, y después de alquilar en algún barrio mas barato por algunos años, podrían tratar de volver a comprar otra casa.

Yo me di cuenta de lo mismo, pero por lo general, no le digo a la gente lo que tiene que hacer. De todos modos, después de tantos años de consejería personal, ya me he dado cuenta de que la gente siempre hace lo que quiere, ¡y no lo que uno le aconseja!

Sin embargo, y a pesar de no haber abierto la boca, Daniela miró hacia mí y me apuntó con el dedo diciendo: «Andrés, ¡la casa no! Cualquier cosa menos la casa».

Yo, por supuesto, traté de calmarla y de decirle que decisiones como esas se debían pensar un poco y que quizá con el correr de los días encontrarían otra salida creativa a su situación.

El problema real que tenía Daniela no era los $135.000,00 que tenía que pagar; esa era simplemente la manifestación de otros problemas más profundos en su carácter: era el «efecto» de una «causa» que no se manifestaba a simple vista. Sin embargo, el problema más importante que Daniela tenía frente a ella era su _actitud_. ¡Y ni siquiera lo sabía!

Daniela estaba emocionalmente apegada a su propiedad; se sentía dueña, no administradora. Eso, por un lado, no le permitía colocar todas y cada una de las cartas disponibles sobre la mesa para tomar una decisión acertada; y por el otro, confiaba en el «techo familiar» para que le proveyera de una falsa sensación de seguridad cuando, en realidad, la casa no era de ella, era del banco con el que la tenía hipotecada, y hasta que no pagara 100% de su hipoteca, la casa, realmente, le pertenecía al banco.

Como sabía que Juan Carlos y Daniela eran fervientes cristianos y asistían a la iglesia con regularidad, les recordé que la Biblia dice que nosotros tenemos que encontrar nuestra seguridad en Dios y no en Sus posesiones. Él es nuestra Roca y en Él debemos confiar.

Las cosas materiales van y vienen, pero Dios es siempre fiel, ¿no?

Con el correr de los meses (y gracias al libro _Cómo manejar su dinero_ del Dr. Larry Burkett), mis amigos de Miami hicieron un cambio notable en su actitud con respecto a las finanzas. Todavía guardo un mensaje electrónico de Daniela en mi computadora que dice: «Andrés: Yo sé que no está bien que tengamos tantas deudas. Juan Carlos y yo hemos decidido que vamos a salir de ellas. Cueste lo que nos cueste... ¡aunque tengamos que vender la casa!»

Ese día supe que ellos iban a salir de sus aprietos económicos.

Un año después del primer incidente nos encontramos nuevamente. Ellos me contaron cómo habían podido volver a concertar sus deudas y cómo habían recibido trabajos extra inesperados que les permitieron pagar, el primer año solamente, ¡$65.000,00 en deudas acumuladas!

Yo creo que desprendernos emocionalmente de las cosas materiales que tenemos es el primer paso en la dirección correcta para disfrutar de lo que hemos llamado en este libro la «prosperidad integral».

Para poner en práctica

Ahora que hemos entendido este primer Principio Universal, debemos comenzar hoy mismo a desprendernos emocionalmente de las cosas que tenemos para comenzar a vernos como administradores de estas posesiones.

Si la tiene, pídale a su pareja que lea este primer capítulo y hagan este ejercicio juntos:

1. Escriba en la planilla que tiene a continuación el nombre de las habitaciones de su casa. Coloque debajo, a grandes rasgos, las cosas que tiene dentro de cada habitación.
   Por ejemplo:

Nombre de la habitación: Cuarto de los niños
Detalle:

- 2 camas
- 1 silla
- 1 cómoda
- Ropa
- Juguetes

2. Al terminar con cada habitación (o con toda la casa) haga lo siguiente:

a. Si usted viene de un trasfondo religioso y se considera cristiano, tómese de la mano con su cónyuge y transfieran a Dios todas sus posesiones. Puede decir algo así como «Padre del Cielo, te transferimos a ti todas estas cosas que tenemos. Te las devolvemos porque eran tuyas, pero nosotros nos creímos los dueños. A partir de ahora te prometemos de todo corazón que vamos a manejar todas estas cosas como administradores y no como dueños. Te lo prometemos en el nombre de Jesús».

b. Si usted no viene de un trasfondo religioso, le recomiendo que luego de llenar el formulario, lo tome en su mano y se prometa individualmente o le prometa a su pareja que a partir del día de hoy cambiarán su paradigma económico. Ahora serán gerentes, administradores de esos bienes que no son suyos, sino que son bienes de la vida. A partir de hoy, prometen desprenderse emocionalmente de sus posesiones personales.

Formulario de Transferencia

Nombre de la habitación: _____

Detalle:

Nombre de la habitación: _____

Detalle:

Nombre de la habitación: _____

Detalle:

Nombre de la habitación: _____

Detalle:

Nombre de la habitación:

_____

Detalle:

Nombre de la habitación: _____

Detalle:

2. ¿Contentos o inconformes?

El segundo Principio del Tao es el Principio del Contentamiento: *aprender a estar contentos y a disfrutar de la vida sin importar el lugar en el que estemos colocados en la escala social.*

Hay que notar que he dicho «contentos» y no «conformes». Hay una importante diferencia entre la persona conformista (que puede llegar a tener las tendencias de un haragán), y aquella que ha aprendido a ser feliz en el nivel social donde se encuentre, gane diez mil dólares por mes o cinco por día. Uno debe tener un profundo compromiso de hacer las cosas con excelencia y de avanzar económicamente en la vida. Pero al mismo tiempo debe aprender a disfrutar con intensidad el lugar donde se encuentra encuentra en el día de hoy.

Una buena cantidad de los problemas de deudas que vemos hoy día tienen que ver con gente insatisfecha con el nivel de vida que le pueden proveer sus ingresos. Esa gente en algún momento da un «salto social» comprando una casa más grande de la que puede pagar, un auto más caro que el que debería tener, o mudándose a un barrio más costoso del que les convendría vivir. Ese «salto», con el tiempo, les trae serios problemas porque sus recursos económicos no les alcanzan para pagar por el reciente nivel social y no les permiten hacer un «mantenimiento preventivo» de sus finanzas, como, por ejemplo, ahorrar con regularidad.

Muchos en nuestro continente creen que aunque el dinero no trae la felicidad, al menos ayuda. Eso lo decimos porque, en general, los latinoamericanos no vivimos en una sociedad de abundancia como la europea o la norteamericana. Si lo hiciéramos, nos daríamos cuenta de que esa idea, a veces citada en un contexto un tanto jocoso, proviene de una premisa equivocada, de un paradigma erróneo: la creencia de que los bienes materiales pueden satisfacer nuestras necesidades emocionales y espirituales, como por ejemplo, la necesidad de la alegría, del amor o de la paz. Esa es la base de lo que comúnmente llamamos el «materialismo».

El dinero puede comprar una casa, pero no puede construir un hogar; puede pagar por la educación, pero no puede adquirir sabiduría; puede facilitar los medios para un transplante de corazón, pero no puede proporcionarnos amor.

A lo largo de los años he notado, contrario a las creencias populares, que no es la pobreza la que desintegra a las familias. Desde el punto de vista económico, son las malas decisiones financieras y las deudas acumuladas las que crean tensiones tan altas que finalmente terminan en el rompimiento de la relación matrimonial.

Cuando uno es pobre (y mi esposa y yo somos testigos de ello), la pareja se une más y trabaja arduamente para lograr la supervivencia de la familia. Cuando uno acumula deudas y maneja incorrectamente su dinero, los fondos empiezan a faltar y las acusaciones comienzan a hacerse oír más frecuentemente. Luego siguen los insultos, los maltratos y finalmente la separación.

La vida abundante, otra de las formas de llamar a la prosperidad integral, no depende exclusivamente de nuestra capacidad económica sino de la forma en que elegimos vivir cada día, y tiene más que ver con una actitud del corazón que con el estado de una cuenta bancaria.

Jesús dice en el capítulo seis de San Mateo: «¿No es la vida más que el alimento, y el cuerpo más que el vestido?»

Un importante principio para recordar, entonces, sería que la tarea más importante en la vida es justamente *vivir*. «Vivir» significa mucho más que meramente existir; significa dejar de correr tras las cosas materiales y superficiales y comenzar a perseguir las cosas más profundas de la vida.

Tengo un examen para probar nuestros conocimientos sobre este tema.

En un interesante estudio realizado recientemente por la televisión educacional norteamericana sobre el consumismo en el país y publicado en la Internet[9] se descubrió que el porcentaje de norteamericanos que contestaron diciendo tener vidas «muy felices» llegó a su punto más alto en el año... (elija una de las siguientes fechas):

1) 1957   2) 1967   3) 1977   4) 1987

La respuesta correcta es la número uno. La cantidad de gente que se percibía como «muy feliz» llegó a su nivel máximo en 1957 y se ha mantenido bastante estable o ha declinado un poco desde entonces. Es interesante notar que la sociedad norteamericana de nuestros días consume el doble de bienes materiales de los que consumía la sociedad de la década de los cincuenta. Sin embargo, a pesar de tener menos bienes materiales, aquellos se sentían igualmente felices.

Aprender a «vivir», entonces, significa descubrir la tarea para la cual hemos nacido; poner en práctica los talentos y dones que Dios nos ha dado; concentrarnos en las cosas más importantes, como servir y enriquecer la vida de nuestro cónyuge, amar y enseñar a nuestros hijos; desarrollar nuestra vida personal, y profundizar nuestra vida espiritual.

[9]   http://www.pbs.org/kcts/affluenza/diag/what.html

Jesús dijo: «La vida del hombre no consiste en la abundancia de los bienes que posee».[10] Vivir nuestra vida y vivirla en abundancia es aprender a disfrutar a ver nuestros niños jugar en el fondo de la casa; es la lágrima derramada después de orar junto a sus camas y darles el besito de las buenas noches; significa preocuparnos por la vida de la gente: ayudar a pintar la casa del necesitado, arreglarle el auto a una madre sin esposo, y escuchar en silencio hasta cualquier hora de la noche el corazón del amigo herido.

Vivir en abundancia significa extender la mano amiga a los pobres, aprender a restaurar al caído y a sanar al herido; significa, para los esposos, poder mirar a nuestras esposas a los ojos y decirle sinceramente «te amo»; poder llegar a ser un modelo de líder—siervo para nuestros niños; significa dejar una huella más allá de nuestra propia existencia.

Poco tiene que ver este concepto de la felicidad y la satisfacción personal con las enseñanzas de los comerciales de la televisión o de los evangelistas del materialismo; poco tiene que ver con lo que se enseñan en los círculos afectados por los medios de comunicación social del día de hoy. Si en algo estoy de acuerdo con aquella frase del comienzo es que el dinero no trae la felicidad y, sinceramente, no sé hasta cuánto ayuda.

Propóngase en el día de hoy darle una mirada sincera al lugar en que se encuentra en la escala social de su país. Pregúntese: «¿Tengo paz en mi vida económica?» Si no tiene paz en el contexto económico que le toca vivir, quizás es hora de tomar algunas decisiones importantes tanto financieras como personales y familiares. Ajuste su nivel de vida y en vez de correr tras metas económicas, decida ser feliz. Usted es el único que puede hacerlo, yo no puedo cambiar su actitud frente a la vida. Lo tiene que hacer usted hoy mismo.

---

[10]   Evangelio según San Lucas, capítulo 12, verso 15.

Para poner en práctica

Escriba aquí mismo su decisión de ser feliz en el lugar en que se encuentra económicamente en la vida: disfrutar de los ascensos en su trabajo, darle la bienvenida a los incrementos de salario, pero no perder el sueño por ellos. Decida ser feliz hoy mismo en el lugar y con los recursos que se le han provisto:

_____

_____

_____

_____

_____

_____

1.   Firma y fecha   _____

3. ¿Rápidos o pacientes? (perseverantes)

El tercer Principio del Tao que debemos tener en cuenta cuando hablamos de cambiar nuestra actitud con respecto a las finanzas tiene que ver con el ejercicio de la paciencia diligente, de la perseverancia.

«La paciencia nos protege de los males de la vida así como la vestimenta nos protege de las inclemencias del tiempo» decía Leonardo Da Vinci, a lo que Cervantes podría agregar: «La diligencia es la madre de la buena suerte».

Establezco una diferencia entre la paciencia en general y la paciencia diligente porque muchas veces encuentro que la gente tiene una idea fatalista de la paciencia. Creemos que es sinónimo de rendirnos a nuestra mala suerte o a las circunstancias en las que vivimos. Pensamos en la idea de sentarnos mirando al techo sin hacer nada esperando a que ocurra un milagro o a que las circunstancias cambien en nuestra vida.

Esa es la paciencia del tango *Sufra* de Caruso y Canaro:

> Sufra y aguante, y tenga paciencia,
> que con paciencia se gana el cielo,
> trague saliva y hágase buches
> que se le puede caer el pelo.
> Si es que le hacen una parada,
> si desgraciado es en el querer,
> trague saliva y hágase buches.
> Sufra y aguante, que es por su bien.

O la del tango *Paciencia* de Francisco Gorrindo (1937) que dice:

> Paciencia... la vida es así.
> Quisimos juntarnos por puro egoísmo
> y el mismo egoísmo nos muestra distintos,
> para qué fingir...
>
> Paciencia... la vida es así.
> Ninguno es culpable,
> si es que hay una culpa.
> Por eso la mano que te di en silencio
> no tembló al partir.

No estamos hablando de esa paciencia. Estamos hablando de una que está en movimiento, la paciencia diligente, la perseverancia a través del tiempo.

Confucio decía: «Nuestra mayor gloria no está en que nunca hemos fallado sino en que cada vez que fallamos nos hemos levantado».

El ejercer la paciencia diligentemente desde el punto de vista económico requiere salirnos de la actitud y la cultura imperante a nuestro alrededor para comenzar a mirar la vida desde un punto de vista diferente. El problema que experimentamos como personas de habla castellano es que las continuas dificultades económicas de nuestros países latinoamericanos han promovido desde nuestra niñez una actitud del «ya y ahora».

Entonces cuando tenemos la oportunidad de comprar algo o de realizar alguna inversión, buscamos lo que es más conveniente a corto plazo; hoy tenemos, y hoy gastamos porque pensamos: ¿Quién sabe que es lo que va a ocurrir mañana con la economía del país?

Sin embargo, en la nueva economía de mercado tanto dentro como fuera de los Estados Unidos que está trayendo el proceso de globalización económica, esas presuposiciones quedarán arcaicas, fuera de contexto. Serán aquellos que vean sus finanzas como una carrera de larga duración (incluso como una carrera que continuarán corriendo nuestros herederos) los que finalmente lograrán los mejores rendimientos económicos.

De acuerdo al libro *El millonario de al lado* de Stanley y Danko, «más de ochenta por ciento de los millonarios en Estados Unidos el día de hoy son gente común y corriente que han acumulado riquezas en una generación. Lo hicieron lentamente, consistentemente, sin ganar la lotería».[11]

Déjeme darle un ejemplo del beneficio de ser perseverantes a través del tiempo.

En Estados Unidos existe una forma muy interesante de cobrar los intereses de los préstamos realizados por compras de envergadura (casas, autos, electrodomésticos, etcétera). Al capital que se pidió prestado se le suman los intereses de estas compras, y los mismos se pagan en mensualidades que, con una fórmula matemática, provee para cada pago una mezcla del capital y el interés adeudado.

[11] Thomas J. Stanley y William D. Danko. The Millionaire Next Door, The Surprising Secrets of America's Wealthy. New York: Pocket Books, 1996, 257 pp. StaMill

Lo interesante del sistema norteamericano es que la mayor parte de los intereses se pagan al comienzo del préstamo. Esta fórmula matemática divide los pagos de tal manera que en las primeras mensualidades uno paga casi exclusivamente intereses y muy poco capital. La «mezcla» va avanzando de tal manera que al final de la vida del préstamo realizado la cuota mensual tiene una gran cantidad de capital y una pequeña de intereses.

Una gráfica de los pagos se vería de esta manera:

En beneficio de los casi treinta millones de hispanoamericanos que viven en Estados Unidos así como de todos aquellos que viven en países donde se utiliza este sistema de pago de préstamos de envergadura, voy a contar una historia que ilustra perfectamente el Principio de la paciencia económica. Este es un ejemplo que uso con regularidad en los seminarios que enseño a lo largo y ancho del país.

Debo reconocer que no tomaré en cuenta algunos aspectos financieros importantes como la fluctuación del mercado inmobiliario o la inflación y los costos de compra y venta de inmuebles. La razón del por qué la explicaré al final, pero tiene que ver con la lección principal que quiero enseñar, que hacen que esos aspectos financieros no jueguen un papel preponderante en la historia.

Tengo dos amigos. Uno se llama Ricardo Rápido y otro se llama Pedro Paciente.

Ambos se quieren comprar una casa por $100.000; ambos tienen $10.000 para dar de depósito; y ambos pueden pagar $700 por mes en su hipoteca.

3. Una compra inteligente

Ricardo Rápido, por ser rápido, se compra la casa más grande que puede con el dinero que tiene: la paga es $101.037,55.

Aquí está su situación económica entonces:

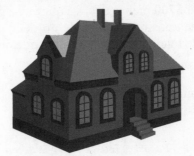

Casa de $101.037,55
Anticipo $ 10.000,00
Deuda: $ 91.037,55

Plazo: 30 años
Interés: 8,50% anual
Pago mensual: $700

Pedro Paciente, a pesar de poder hacer lo mismo que hizo Ricardo Rápido, decide que va a comprar primero una casita más pequeña. La paga es $66.458,12

Casa de $66.458,12
Anticipo $10.000,00
Deuda: $56.458,12

Plazo: 30 años
Interés: 8,5% anual

Ahora bien, a pesar de que la deuda es menor y que los pagos mensuales pueden ser menores, Pedro Paciente piensa: «Yo puedo pagar $700 mensuales, así que voy a pagar más para adelantar lo antes posible el pago de mi deuda». Entonces el pago mensual de Paciente es más alto del que debería ser:

Pago mensual: $700

Este es el cuadro comparativo de la situación económica de nuestros dos amigos:

Nombre	Deuda	Pago	Interés	A la deuda	Activo
Rápido	$91.037,55	$700.—	$644,85	$55,15	$10.055,15
Paciente	$56.458,12	$700.—	$399,91	$300,09	$10.300,09

Notemos que el pago «extra» que está haciendo Paciente le permite colocar más dinero para pagar su deuda, y por lo tanto, está aumentando su plus valía (el valor del dinero que tiene en su propiedad, que en inglés se llama «equity»).

4. Un pago anticipado

A los diez años Pedro Paciente termina de pagar su casa. Esta es la situación económica de Rápido y Paciente al final de esos ciento veinte meses:

Note que Ricardo Rápido, después de diez años pagando $700 por mes, todavía debe ¡$80.000,00! Esa es la «trampa económica» del sistema de pagos de préstamos para compras mayores (como automóviles y casas) tanto en los Estados Unidos como en varios países de nuestra Latinoamérica. No es ilegal, simplemente es muy desventajoso para el consumidor.

Mes	Nombre	Deuda	Pago	Interés	A la deuda	Activo
120	Rápido	$80.789,33	$700.—	$572,26	$127,74	$20.375,96
120	Paciente	$695,06	$700.—	$492,00	$695,06	$66.458,12

Note que a pesar de que en la mensualidad de Rápido hay una mayor cantidad de dinero que va hacia el pago de su deuda, aún después de diez años la cantidad de ese pago que ha sido asignado a pagar intereses es todavía de un tamaño respetable. ¿El resultado? Que Ricardo Rápido ha estado pagando primordialmente un «alquiler» por el dinero que pidió prestado para comprar su casa y, después de haber hecho pagos por $84.000, ¡todavía debe $80.000 de los $100.000 que pidió prestado en un comienzo!

5. *Una decisión inteligente*

Ahora que Pedro Paciente pagó totalmente su casa, decide venderla y comprarse la casa de sus sueños exactamente al lado de la de Ricardo Rápido. Le cuesta lo mismo que le costó a los Rápido diez años atrás: $101.037,55

Casa de *Ricardo Rápido*   Casa de *Pedro Paciente*

Paciente coloca todo el dinero obtenido por la venta de su primera casa ($66.458,12) como anticipo, y toma el resto como una hipoteca a pagar en treinta años. Observemos ahora cuál es la posición financiera de los Rápido y los Paciente:

Mes	Nombre	Deuda	Pago	Interés	A la deuda	Activo
121	Rápido	$80.661,59	$700.-	$571,35	$571,35	$20.504,61
121	Paciente	$34,579,43	$700.-	$244,94	$455,06	$66.913,18

Debemos notar que a pesar de que Pedro podría pagar una mensualidad menor, continúa haciendo el pago mensual de $700, lo que acelera aun más la presteza con la que está pagando su deuda hipotecaria.

6. Una meta lograda

Cinco años después Pedro Paciente termina de pagar la deuda de su segunda casa. Aquí está el cuadro comparativo de la situación económica de Ricardo Rápido y Pedro Paciente después de ciento ochenta mensualidades pagadas en quince años:

Mes	Nombre	Deuda	Pago	Interés	A la deuda	Activo
182	Rápido	$70.888,30	$700.-	$502,13	$197,87	$30.347,12
182	Paciente	$8,46	$8,52	$0,06	$8,46	$101.137,55

e. Una inversión sabia

Una vez que Pedro Paciente termina de pagar la casa de sus sueños, decide que en vez de mudarse a una casa más grande o gastar el dinero que ahora le queda disponible, lo va a invertir conservadoramente a 8% de interés anual. Entonces Pedro Paciente abre una cuenta de inversiones en la que deposita $700 todos los meses con un rendimiento de 8% por año.

7. Un resultado asombroso

La pregunta ahora es: ¿Qué ocurre con Ricardo Rápido y Pedro Paciente después de treinta años? (Recuerde que su hipoteca original era a treinta años de plazo). Pues bien, a los treinta años de pagar sus mensualidades hipotecarias religiosamente, Ricardo Rápido finalmente termina de pagar su casa. Hace una fiesta, invita a sus amigos y celebra que por fin es un hombre libre del yugo hipotecario y la casa es realmente suya. Tiene un capital acumulado de 101.037,55 (el valor de su propiedad).

Por otro lado, con menos bombos y platillos, la inversión de Pedro Paciente en el banco alcanza la increíble suma de $239.227,24 ¡En dinero efectivo!

Además, por supuesto, Paciente tiene el capital de su casa, lo que le lleva a tener un activo acumulado de más de ¡$340.000,00!

¿Cómo es posible? Pues la razón principal por el éxito económico de Pedro Paciente tiene que ver con la forma en que planeó el pago de sus intereses hipotecarios. Por eso en mi historia dejé de lado ciertos factores importantes como la fluctuación de los precios de las casas y la inflación del país.

La enseñanza principal de esta historia tiene que ver con la cantidad de intereses que pagaron cada uno de los protagonistas.

Ricardo Rápido, con el carácter típico de nuestras tierras, quiso tenerlo todo lo más pronto posible. Pero eso tiene un precio: para él, fue de $117.257,92 en intereses hipotecarios.

Pedro Paciente, por su lado, supo esperar y sufrir por diez años en una casa más pequeña y en un barrio con menos rango social que el de Rápido, pero ese planeamiento económico a largo plazo trajo sus beneficios. Paciente solamente pagó $35.670,95 en intereses (casi un tercio de lo que pagó Rápido). Aún más, su dominio propio y su carácter maduro le ayudaron a invertir el dinero que muchos de nosotros gastaríamos en nuevos «proyectos familiares».

El principio que se debe seguir entonces en la nueva economía de mercado es que cuando hablamos del pago de intereses, el juego se llama «El que paga pierde».

Una nota más que quizás es obvia: la acumulación de un capital de $340.000,00 le tomó a Pedro Paciente treinta años de su vida. Eso quiere decir que si comenzó a los treinta o treinta y cinco años de edad, ahora está a punto de jubilarse. No le queda el mismo tiempo de vida que le quedaba cuando comenzó sus planes financieros a largo plazo y, realmente, disfrutó diez años menos de la casa de sus sueños.

Pero Pedro Paciente no está pensando solamente en sí mismo; él está acumulando capital para la siguiente generación: para sus hijos y sus nietos. Ha sacrificado parte de su satisfacción personal por el bienestar de las generaciones futuras. Este tipo de actitud está desapareciendo de nuestro continente a medida que los medios de comunicación social nos condicionan a disfrutar del «aquí y ahora», sacrificando en el proceso el futuro personal y familiar.

Esa era la actitud que demostraba el carácter de los inmigrantes europeos y asiáticos a nuestras tierras; era la actitud de mi abuelo y de muchos otros eslavos, alemanes y asiáticos que regaron con su sangre y su sudor el noreste argentino para abrirle surcos a la selva de Misiones y del Chaco Paraguayo.

Para poner en práctica

Escriba aquí mismo las cosas en las que cree que debe ser paciente y los aspectos de su vida económica en las que debe empezar a pensar más seriamente a largo plazo:

_____

_____

_____

_____

1.   Firma   _____

2. Ahorradores o «inversionistas»

Benjamín Franklin solía decir: «Un centavo ahorrado es un centavo ganado». Esa es una gran verdad, una de las formas más efectivas de incrementar nuestro salario es reduciendo nuestros gastos. Ahorrar es muy buena manera de darse un aumento de sueldo. Por eso al final de este libro ocuparé un buen número de páginas dando consejos prácticos para ahorrar en los gastos de todos los días.

El hombre a quien considero el más rico y sabio en la historia del mundo, el famoso rey Salomón, solía aconsejarle a sus súbditos que aprendieran de las hormigas, que sin capitán ni jefe que las mande, ahorran durante el verano para cuando venga el invierno de sus vidas.[12] Hay mucho que podemos aprender de la literatura sapiencial (que imparte sabiduría), y por eso la vamos a citar con cierta regularidad en este libro.

El asunto, entonces, es cómo nos vemos interiormente. Algunas personas se consideran ahorradoras, tratan de guardar y de ahorrar cuanto centavito encuentren. Otros, en cambio, se ven como «inversores». Este tipo de gente es la que regularmente habla de «invertir» en una computadora, en un auto nuevo, en un televisor, o un equipo de sonido para el hogar.

Aquí hay un Principio del Tao: nunca podemos ahorrar gastando. Parecería ridículo tener que decirlo, pero mucha gente cree sinceramente en las campañas publicitarias que dicen: «Compre y ahorre» o «Compre ahora y ahorre después». Cuesta tener

---

[12]   Rey Salomón. Libro de los Proverbios, capítulo 6, versos 6 a 1 8.

que explicar que ambos son términos contradictorios y opuestos.

Uno no puede gastar y ahorrar al mismo tiempo, excepto, cuando compramos para satisfacer una necesidad real y la compra se hace a un precio más barato que el regular. Por eso debemos clarificar dos conceptos muy importantes: el concepto de la necesidad y el del deseo.

Antes de clarificar estos dos conceptos quisiera recalcar que no está mal tener deseos y satisfacerlos. No estamos promoviendo el masoquismo. Sin embargo, para llegar a fin de mes es importantísimo tener en claro cuáles son nuestras necesidades y cuáles son nuestros deseos. Debemos satisfacer nuestras necesidades primeramente, y luego satisfacer nuestros deseos solamente en el caso de que tengamos los recursos económicos disponibles para hacerlo.

8. La necesidad

Cuando tomé mis clases de sicología en la universidad, se estudió en alguna de ellas la famosa «Escala de Maslow». Esa escala dividía las necesidades del ser humano en cinco esferas generales que iban desde las más básicas (fisiológicas) hasta la necesidad de sentirse realizado (pasando por la necesidad de seguridad, aceptación y estima propia).[13]

Sin embargo, para cumplir los objetivos de nuestro estudio, voy a definir como «necesidad económica» todas aquellas cosas que realmente necesitamos para sobrevivir: alimentos, ropa, un techo que nos albergue, etcétera. No solamente cosas materiales, sino todo aquello que necesitamos para sobrevivir como seres humanos, como por ejemplo: seguridad, salud, transporte, etcétera.

Debemos colocar nuestras necesidades en el nivel de prioridad más alto. Debemos procurar suplirlas a toda costa. Allí deben ir nuestros recursos financieros sin mayores dudas ni retrasos.

[13] Abraham Maslow. http://www.monterey.edu/academic/centers/ sbsc/sbsc300b/maslov—needs.html

9. Los deseos

Cuando hablamos de las compras que tenemos que hacer, todo aquello que no es una necesidad, es un deseo, ya sea uno «cualitativo» en el que expresamos el deseo de una calidad más alta por una necesidad determinada, o un deseo «propiamente dicho», en el que simplemente quisiéramos tener algo que nos gusta.

Un deseo cualitativo podría ser, por ejemplo, un buen pedazo de bistec en lugar de una hamburguesa. El alimento es una necesidad básica del cuerpo, pero en este caso uno está queriendo satisfacer esa necesidad con un producto más costoso y de más alta calidad: un bistec. Lo mismo podría ocurrir en todas las otras áreas de necesidades reales en nuestra vida: podemos comprar un vestido en una tienda de vestidos usados o podemos comprar uno de alta confección. En ambos casos el vestir es una necesidad, pero la forma en la que queremos satisfacer esa necesidad puede transformar la compra en un deseo.

Un deseo «propiamente dicho» es todo aquello que no tiene nada que ver con una necesidad. Comprarnos un gabinete para el televisor, una mesa para el patio de la casa, una videograbadora, un velero, o comprar otra propiedad para hacer negocio con ella pueden ser ejemplos de este tipo de deseos.

Nosotros deberíamos satisfacer nuestros deseos solamente después de satisfacer nuestras necesidades, y si tenemos los recursos económicos para hacerlo.

Por lo tanto, antes de salir de compras es importante que tengamos en claro lo que es una necesidad y lo que es un deseo. En estos días la gente tiene la tendencia a decir: «Necesito una computadora» o «Necesitamos una máquina de sacar fotos», cuando en realidad deberían estar diciendo «¡cómo me gustaría comprarme una computadora!» o «¡cómo nos gustaría tener una cámara fotográfica!».

Lamentablemente, en los últimos treinta años hemos pasado a través de un proceso de condicionamiento para comenzar a hablar de «necesidades» en vez de reconocer nuestros deseos.

Al hacerlo, creamos una ansiedad interior que nos impulsa a satisfacer esa «necesidad». Es entonces cuando invertimos nuestro dinero en cosas que realmente podrían esperar, y nos olvidamos de proveer para aquellas cosas que realmente necesitamos (ya sea en forma inmediata como a largo plazo).

Finalmente, debemos tomar nota de que no siempre lo que parece un «ahorro» realmente lo es, porque por un lado, como dicen muchas damas del continente latinoamericano, «lo barato sale caro». En algunas circunstancias nos conviene comprar cosas de mejor calidad, pero que nos durarán de por vida, mejor que otras de baja calidad que tendremos que reemplazar cada cierta cantidad de años.

Además, no siempre es una buena idea comprar en «ofertas». Si yo compro diez jabones de lavar la ropa porque estaban casi a mitad de precio, y después de dos días me quedo sin dinero para comprar leche, he hecho una mala inversión. Ahora tengo dinero sentado en la repisa del cuarto de lavar la ropa riéndoseme en la cara porque no puedo prepararme un café con jabón, necesito leche. Este es un típico caso en el que no me conviene «ahorrar gastando».

Sin embargo, si el almacén de la esquina de mi casa está ofreciendo dos litros de leche por el precio de uno, yo debería inmediatamente tomar la oferta especialmente si tengo niños en casa. La leche es un elemento de consumo diario y es una necesidad básica para mi supervivencia. El jabón de lavar la ropa y otros limpiadores pueden ser reemplazados por alternativas más económicas. En la última sección de este libro estaré dando alternativas creativas y baratas para los productos químicos que regularmente usamos para limpiar nuestro hogar.

Este último problema de comprar más de lo que uno necesita y tener dinero estancado en las alacenas de la casa es un problema que millones de negociantes confrontan cada día a lo largo y ancho del mundo. Lo crea o no, el manejar la economía de un hogar tiene mucho que ver con la forma en que se maneja la economía de un negocio e incluso con la forma en la que se maneja la economía de un país.

Ahora que nos vemos como gerentes o administradores, necesitamos comenzar a manejar los negocios de la casa con las mismas herramientas con las que se manejan los negocios en el mundo de hoy. Si usted es la persona que maneja el dinero en el hogar, a partir de hoy podrá colocar en su curriculum vitae: «Presidente de la Junta Financiera _____ (su apellido) y Asociados».

Para poner en práctica

Acostúmbrese a diferenciar entre necesidades, deseos de calidad (cualitativos) y deseos propiamente dichos. Escriba al lado de cada palabra las letras N, DC o D según corresponda. Compare las respuestas con las nuestras en la siguiente página.

N= Necesidad básica del ser humano.
DC= Deseo de calidad: Necesidad básica que quiere ser satisfecha con una calidad más alta.
D= Deseos. No son necesidades básicas.

1. Comida	11. Educación	21. Fiesta de cumpleaños
2. Pantalón	12. Casa	22. Comidas en restaurantes
3. Zapatos	13. Vivienda	23. Turismo en las montañas
4. Bistec	14. Transporte	24. Herramientas
5. Helado	15. Auto	25. Teléfono
6. Vacaciones	16. Pelapapas	26. Juguetes
7. Televisor	17. Dulces	27. Vestido

8. Radio	18. Perfume	28. Limpiadores
9. Computador	19. Video	29. Regalos de Navidad
10. Café	20. Soda	30. Mascotas (perro, gato, etc.)

Respuestas:

N=   Necesidad básica del ser humano.
DC=   Deseo de calidad: Necesidad básica satisfecha con una
      solución de más alta calidad.
D=   Deseos. No son necesidades básicas.

1. Comida	N	11. Educación	N	21. Fiesta de cumpleaños	DC
2. Pantalón	N	12. Casa	DC	22. Comidas en restaurantes	DC
3. Zapatos	N	13. Vivienda	N	23. Turismo en las montañas	DC
4. Bistec	DC	14. Transporte	N	24 Herramientas	DC
5. Helado	D	15. Auto	DC	25. Teléfono	DC
6. Vacaciones	N	16. Pelapapas	D	26. Juguetes	D
7. Televisor	D	17. Dulces	D	27. Vestido	N
8. Radio	DC	18. Perfume	D	28. Limpiadores	DC

9. Computador	D/DC	19. Video	D	29. Regalos de Navidad	DC
10. Café	D	20. Gaseosa	DC	30. Mascotas (perro, gato etc.)	D

Notas:

8. Radio: La radio cumple una función diferente de la función que cumple la televisión. La radio es un importante medio de información, de socialización y de contacto comunitario. Por eso la hemos colocado como «DC». En algunos pueblos del interior podría llegar a ser «N». La televisión es, primordialmente un medio de entretenimiento.

9. Computadora: Depende de la razón para que se use. Una computadora puede llegar a cumplir ciertas funciones muy necesarias en el hogar (organizar las finanzas, educación de los niños, investigación en Internet, etcétera). En otros casos se usa como una fuente de entretenimiento casi exclusivo.

12/13. Casa/Vivienda: Si bien la vivienda es una necesidad básica del individuo, la casa no lo es. Uno podría satisfacer la necesidad de vivienda, por ejemplo, alquilando un departamento.

20. Gaseosa (agua o jugo con gas): Al igual que todas las otras bebidas gasificadas y jugos, es un DC porque el beber líquidos es una necesidad básica de los seres humanos (necesitamos beber agua), pero los jugos y gaseosas son una elección más costosa para satisfacer esa necesidad.

22/23 Comidas afuera y turismo: la recreación es una necesidad, pero podríamos recrearnos sin la necesidad de comer fuera ni tener que hacer turismo. Esas son elecciones «de calidad» para satisfacer la necesidad básica.

29. Regalos de Navidad: amar y sentirse amado es una necesidad básica de los seres humanos. Sin embargo, podríamos demostrar nuestro amor hacia otros sin que necesariamente tengamos que comprar regalos. Es una elección de satisfacer la necesidad con una solución de más alta calidad. Por eso es DC.

¿Cómo llegamos a la prosperidad integral?

Una actitud diferente   /   Un carácter maduro

Los principios del Tao

Un carácter maduro

♦ *Secretos para ganar* ♦

UN CARÁCTER MADURO

Como dijimos al comienzo, la forma en que manejamos nuestro dinero tiene mucho que decir sobre quiénes somos interiormente como personas: las cosas que valoramos, los principios que obedecemos y el proceso de pensamiento que seguimos para tomar decisiones. Por esa razón esta primera parte está diseñada para producir un cambio interior primero que pueda producir un cambio exterior después.

De nada vale «vestir la mona de seda». Lo que debemos hacer es sufrir una transformación interior que nos lleve a realizar cambios exteriores por el resto de nuestras vidas. Hasta aquí, entonces, lo que hemos aprendido:

Si queremos llegar a fin de mes, hay tres «Secretos para Ganar»:

1. Una actitud diferente

2. Un carácter maduro

3. Un plan eficaz

Del primer secreto (una actitud diferente) dijimos que las actitudes más importantes son:

a. Vernos como administradores (desprendernos emocionalmente de nuestras posesiones).

b. Aprender a estar contentos en el lugar económico en el que nos encontremos (no dijimos «conformes» sino «contentos»).

c. Encarar nuestra vida financiera con paciencia, mirando hacia toda nuestra vida y no solamente hacia el día de hoy.

d. Aprender a ser ahorradores, diferenciando entre necesidades reales y deseos.

En segundo lugar, si queremos lograr la prosperidad integral de la que hemos hablado al comienzo, no solamente debemos desarrollar una actitud diferente ante a la vida, sino que también debemos trabajar en nuestro carácter.

Desarrollar las bases de un carácter sólido es la única manera en la que vamos a poder tomar con éxito las decisiones económicas que necesitamos tomar cada día. Antes hablamos de principios, ahora hablamos de valores.

Los principios son los faros inamovibles que nos indican dónde termina tierra firme. El conjunto de nuestros valores hace el mapa de nuestra vida. Tener los valores correctos se hace imperativo para llegar a nuestras metas, nos permiten navegar por la vida y tomar las decisiones correctas aunque nunca antes nos hayamos encontrado en una determinada situación.

Para clarificar el concepto de la madurez

Cuando éramos niños, nuestra madre nos forzaba a tomar la sopa. No solo eso, sino que también teníamos que comer todo tipo de verduras que sabían horrible, como espárragos, yuca (mandioca), habichuelas verdes; y hasta algunos de nosotros debíamos deglutir el famoso aceite de hígado de bacalao. Sin embargo, ahora en nuestra edad madura no dudamos en prepararnos una buena sopa o comernos un buen plato de verduras.

¿Qué ha pasado en nuestras vidas? ¿Es que tememos que la mano de nuestra madre nos encuentre, como lo hacía en aquellos días de nuestra niñez, y nos dé una palmada allí donde termina la espalda?

En general, la respuesta es No. Lo que ha ocurrido es que, a medida que hemos madurado, hemos aprendido un principio importante en la vida: debemos alimentarnos con regularidad para sobrevivir. También hemos comenzado a valorar las comidas con un alto contenido de alimentos.

Ahora hemos aprendido a valorar comidas nutritivas y, aunque nunca antes hayamos probado un determinado alimento, podemos decidir si lo queremos comer o no simplemente haciendo un par de preguntas sencillas antes de probarlo. De esa manera podemos determinar el valor nutritivo del mismo, saber si es bueno para nosotros, si nos va a caer mal al hígado, y si lo vamos a tomar o no.

Lo mismo ocurre con nuestras decisiones económicas. Es imperativo que maduremos, que crezcamos en nuestro carácter para poder tomar las decisiones diarias que nos llevarán hacia el éxito. No puedo tomar esas decisiones por usted, tendrá que hacerlo por sus propios medios. Lo que puedo hacer es mostrarle el camino, pero debe ser usted quien deba decidir recorrerlo.

La adolescencia social

Uno de los problemas de carácter más recurrentes en la sociedad de consumo de hoy es el tener millones de adolescentes que tienen entre treinta y cuarenta años de edad. Es cierto que cronológicamente tienen treinta y cinco, quizá treinta y siete, pero mentalmente ¡son adolescentes!

La madurez implica paciencia, integridad, honestidad, transparencia en las relaciones, amor comprometido, compasión por los demás, y una buena dosis de dominio propio. Si desarrollamos esas tendencias en nuestro carácter, no hay lugar en el mundo donde no podamos llegar a la prosperidad integral.

Mi carácter y mis valores en la vida determinarán entonces el rumbo que habré de seguir cada vez que me enfrente con una nueva alternativa financiera frente a mí. Mi carácter es un bumerán: a la postre volverá a mí para ayudarme o para golpearme.

Tomás Paine decía: «Carácter: mejor cuidarlo que recobrarlo».

«Lo que una persona hace cuando se haya desprevenida es la mejor indicación del tipo de hombre o mujer que esa persona es —decía C.S. Lewis—. Si hay ratas en el sótano, probablemente se encuentre con ellas si entra en forma repentina. Pero la velocidad con la que han ocurrido las cosas no es lo que ha hecho que las ratas existan, solamente no les ha dado tiempo para esconderse. De la misma manera, la provocación repentina no me hace estar de mal humor, simplemente muestra lo malhumorado que soy».

«La mejor forma de saber qué tipo de persona es un determinado individuo, dijo alguna vez Abigail Van Buren, es notar: a) cómo trata a las personas que no pueden resultarle de ningún beneficio y b) cómo trata a las personas a las que no puede contraatacar».

Para poner en práctica

Clarificar cuáles son las cosas que valoramos en la vida es un paso muy importante para darnos cuenta de cómo tomamos decisiones financieras.

Por ejemplo, todos consideramos importante la obediencia a las leyes de nuestro país (nos enojamos cuando alguien se hace rico violándolas). Sin embargo, para algunos de nosotros esa obediencia a las leyes nacionales nos dura hasta el momento en que tenemos que pagar impuestos. Allí la cosa cambia.

Entonces nos damos cuenta de que valoramos más nuestro estado económico que la lealtad a las leyes impositivas.

Encontré en Internet[1] un interesante ejercicio sobre clarificación de valores que quiero darles a conocer a continuación. Coloque una X a la derecha de las diez palabras que representen aquellas cosas que más valore, en la siguiente lista de ideas. Luego coloque un número 1 junto al que valore más importante de la lista de los diez que seleccionará primero.

Afecto (cariño, amor, cuidado de otros o por otros)	**Desarrollo personal** (uso del potencial como persona) X	**Placer** (diversión, entretenimiento, disfrutar de la vida)
Amistades (relaciones cercanas con otros)	**Estabilidad económica**	**Poder** (control, influencia)
Amor propio (orgullo por logros, integridad personal) X	**Fama** (llegar a ser muy conocido)	**Posición social** (status, respeto de los demás)
Avance laboral (asensos, promociones)	**Familia** X	**Responsabilidad personal**
Aventuras (nuevas experiencias desafiantes)	**Integridad** (honestidad, sinceridad)	**Sabiduría**
Ayudar los demás	**Lealtad** (obediencia, deber)	**Salud** (mental y física)
Capacidad económica (tener dinero, cosas de valor) X	**Libertad** (independencia, autonomía)	**Seguridad social**
Originalidad (Desarrollo de nuevas ideas)	**Logros personales** (sentimiento de haber logrado algo) X	**Sentido de aceptación** (sentirse amado por el novio o novia)

[1] http://www.moww.org/HSPrep/lessons/7.val/bval1.html

Competencia (ganar, tomar riesgos)	Orden (tranquilidad, estabilidad)	Vida espiritual (relación con Dios)
Cooperación (trabajo en equipo)	Paz interior (estar en paz consigo mismo)	

Integridad y honradez

Una de las señales más importantes de un carácter maduro es la integridad personal. Stephen Carter, profesor de la Escuela de Leyes de la Universidad de Yale y autor del libro *Integrity*, explica que la integridad requiere de tres pasos concretos:

a. Discernir lo que está bien de lo que está mal (saber qué es lo bueno y lo malo).

b. Actuar de acuerdo con esas convicciones, aun a pesar de tener que pagar un precio en lo personal por hacerlo.

c. Expresar abiertamente frente a otros que uno está actuando conforme a su propio discernimiento del bien y del mal.[2]

Cuando viajo ofreciendo conferencias, especialmente en aquellas que presento para empresarios y políticos, con regularidad defino «integridad» de la siguiente manera:

Integridad es...
Hacer lo que se tiene que hacer,
Cuando se tiene que hacer,
Como se tiene que hacer,
Sin importar las consecuencias.

Repito, ahora destacando lo que creo que es importante:

[2]   http://www.cospgs.com/thing/chinook/arch010.html

> *Hacer* lo que se tiene que hacer,
> *Cuando* se tiene que hacer,
> *Como* se tiene que hacer,
> *Sin importar las consecuencias.*

Si queremos disfrutar de la prosperidad integral, en primer lugar debemos desarrollar un carácter íntegro, sólido. Debemos descubrir las cosas en las que creemos y aprender a vivir de acuerdo con ellas, cueste lo que nos cueste. Ese es el tipo de hombre o mujer que el mundo admira.

Marco Polo, Ghandi, Martín Lutero, Judas Macabeo, Bolívar, Bernardo O'Higgins, José de San Martín, Martin Luther King Jr., la Madre Teresa de Calcuta, y tantas otras personas que admiramos y que me falta el espacio para nombrar, demostraron justamente ese tipo de carácter. Ese es el tipo de personas que recordamos a través de los años y a través de las generaciones.

Se dice que Abraham Lincoln dijo una vez: «Tú puedes engañar a todos algún tiempo, puedes engañar a algunos todo el tiempo, pero no puedes engañar a todos todo el tiempo». En un momento dado la gente a su alrededor sabrá quién realmente usted es, especialmente la gente que se encuentra más cerca de usted.

Tengo dos historias interesantes que contarle: la primera tiene que ver con uno de los abogados de Al Capone.

Uno de los abogados de Al Capone se llamaba «Easie» Eddie [Eduardo el Tranquilo]. Easy Eddie tenía fama de ser uno de los mejores y más sagaces abogados en todo Estados Unidos. Tal era su capacidad para manejar casos difíciles que el gobierno federal norteamericano había invertido cantidades enormes de dinero para encarcelar a Al Capone sin mucho éxito.

Al Capone, por su parte, premiaba a su inteligente abogado con un sueldo respetable, lujos, poder político y hasta una casa que cubría toda una manzana en la ciudad de Chicago.

Easy Eddie estaba casado y un día él y su esposa tuvieron un hijo. Eddie amaba profundamente a su hijo. Como todo padre, trataba de enseñarle la diferencia entre el bien y el mal, y le proporcionaba una buena educación, dinero, vacaciones regulares, la mejor ropa de moda, automóviles, etcétera. Sin embargo, había una cosa que Easy no podía darle a su heredero: un buen nombre. Los amigos de su hijo pronto le dirían la verdad —que su padre era el que estaba permitiendo que un bandido como Al Capone continuara robando, matando y corrompiendo a la sociedad.

Easy Eddie lo pensó por un tiempo. Bastante seriamente. Y un día decidió que ese no era el ejemplo que le quería dejar a sus hijos y a sus nietos. Eddie hizo contacto con las autoridades y se entregó a la policía para hacer lo que era correcto a pesar de las consecuencias. Fue gracias a su testimonio en corte que, finalmente, el gobierno norteamericano colocó a Al Capone tras las rejas.

El abogado Easy Eddie fue acribillado a balazos en una oscura calle de Chicago no mucho tiempo después.

La segunda historia tiene que ver con un desconocido piloto de la Fuerza Aérea norteamericana.

Durante una de las batallas en el Pacífico, el escuadrón al que este piloto estaba asignado salió de su portaaviones para atacar posiciones japonesas, dejando la flota en el medio del Océano Pacífico prácticamente indefensa. Al salir, el joven aviador se dio cuenta que, por algún error, su avión no tenía suficiente combustible como para ir, atacar y volver.

El piloto entonces pidió y recibió permiso para volver a su base. Al regresar, sin embargo, se encontró con una importante formación de aviones «Zeros» japoneses que, de seguro, destruirían la flota norteamericana que se encontraba sin pilotos ni aviones para su defensa.

Este joven piloto estadounidense, absolutamente solo en el aire, se lanzó en ataque de la formación japonesa. La atacó con tanta bravura y efectividad que los aviones japoneses comenzaron a caer al mar. Los combatió con todas las armas que tenía a bordo, y cuando se le acabaron las municiones, comenzó valientemente a echar su propio avión en contra de los enemigos con el fin de romperles alguna parte esencial para que no pudieran volar.

Tal fue la tenacidad de este joven piloto que logró que toda la formación de aviones del Japón decidieran abortar el ataque y regresar a sus bases. Ese día todos los barcos de esa flota en el Pacífico se salvaron por la acción de un valiente.

Sin embargo, a pesar de haber contado lo sucedido, nadie supo la verdadera intensidad del incidente aéreo hasta que no se revelaron las películas que el avión de este joven piloto tomó de la batalla (en esa época era común que los aviones llevaran cámaras para filmar el desarrollo de los combates).

Al revelarse las películas, el comando naval norteamericano se dio cuenta del peligro en que había estado su flota y de la bravura y valentía demostrada por el piloto en cuestión. Sin dudarlo, sus superiores recomendaron que se le diera una de las medallas de más alto honor en las Fuerzas Armadas norteamericanas.

Ese joven se transformó entonces en uno de los héroes más conocidos de la Segunda Guerra Mundial. Su nombre es «Butch» O'Hare, nombre que, para honrar su memoria, lleva hoy día el aeropuerto de la ciudad de Chicago, uno de los más grandes del mundo.

¿Por qué le conté estas dos historias?… ¿Qué tienen ellas en común?

Lo que tienen en común es que «Butch» O'Hare era el hijo de «Easy» Eddie.

No hay un legado más precioso que podamos dejar a nuestros herederos que el ejemplo de un carácter sólido… a pesar de las consecuencias.

Verdad y consecuencia

«¿Qué es la verdad?», dijo Poncio Pilato minutos antes de entregar a Jesús de Nazaret para que fuese crucificado.[3] Es interesante notar que a pesar de haber hecho una de las preguntas más profundas de la humanidad, a Pilato no le interesaba

---

[3]   Evangelio de San Juan, capítulo 18, versículo 38

escuchar la respuesta. Se dio media vuelta y salió de la habitación antes de que Jesucristo le pudiera contestar.

Muchas veces los latinoamericanos actuamos de la misma manera. Sabemos que decir la verdad es importante y le enseñamos a nuestros hijos a decírnosla, pero cuando llega el momento de la presión, preferimos crucificar al prójimo antes que perder las cosas que valoramos.

¡Cuántos de nosotros hemos sido víctimas de la estafa! ¿A cuántos se nos ha dicho: «No te preocupes, en cuanto cobre, te devuelvo todo lo que me prestaste» o «La semana que viene voy a tener todo el dinero para pagarle la renta, señora, ¡se lo juro!»; o quizás: «Este es un negoción, hermano, es un negocio perfecto, ¡no se puede perder!?»

La realidad, sin embargo, es que todavía estamos esperando que se nos devuelva el dinero prestado, que se nos pague el alquiler atrasado, y ni siquiera queremos hablar de la cantidad de dinero perdido en el negocio que nos propusieron.

No quisiéramos hacer de este un libro filosófico y corremos el peligro de hacerlo cuando comenzamos a hablar de temas como este. Solo mencionaré ideas filosóficas en la medida en que afectan la forma en que tomamos decisiones económicas, y por lo tanto, no nos permiten llegar a fin de mes o disfrutar de prosperidad integral.

Por eso voy a definir el decir la verdad como el «decir las cosas tal como en realidad son». Y vamos a enfatizar en decir la verdad cueste lo que cueste, como por ejemplo, aprender a decir a nuestro prestamista: «No te preocupes, te voy a devolver cada centavo que te debo. No sé cuándo porque estamos muy apretados económicamente ahora; pero puedes tener la seguridad de que, aunque me tome el resto de mi vida, te lo voy a pagar todo», en vez de prometer lo que sabemos que no vamos a poder cumplir a menos que ocurra un milagro.

Lecciones de nuestra niñez

Recuerdo jugar cuando pequeño a un juego que se llamaba «verdad o consecuencia». Si no se decía la verdad con respecto a una determinada pregunta, se debía sufrir una «consecuencia» que elegían generalmente los demás participantes del juego. Es interesante darse cuenta de cómo los juegos que jugábamos cuando niños tienen tanto que enseñarnos cuando llegamos a la edad adulta...

Lamentablemente, algunos de nosotros, a través de los años, sufrimos un reentrenamiento filosófico. Por ejemplo, la enseñanza materna de decir siempre la verdad, de hacer el bien y evitar el mal que se transforma en la enseñanza escolar basada en la ética circunstancial que dice que no existen lo absolutos y que las cosas están bien o mal de acuerdo a la situación.

Cuando uno viaja con regularidad o vive en una gran ciudad como Lima, Miami o Santiago de Chile, se da cuenta de que hay muchas formas de hacer las cosas alrededor del mundo. Diferentes culturas tienen diferentes costumbres, y diferentes países tienen formas diferentes de hacer las cosas. Sin embargo, en medio de esa diversidad global que vemos el día de hoy, afirmar que no existe el bien y el mal o que no hay formas correctas e incorrectas de actuar con nuestro prójimo es «vivir en el País de las Maravillas», no estar muy en contacto con la realidad.

La existencia del bien y del mal es uno de los Principios del Tao. El otro Principio es que para cada acción existe una reacción, y para cada decisión una consecuencia.

Quizás es justamente porque queremos evitar la consecuencia de nuestras acciones, que no decimos la verdad. Pero esa actitud, generalmente, termina teniendo un costo material, personal, social y espiritual mayor del que originalmente no estábamos dispuestos a pagar.

La verdad es un elemento central en el pensamiento filosófico cristiano. Tomando en cuenta que la gran mayoría de nuestro pueblo en el continente se siente cristiano, es importante notar, por ejemplo, que Jesucristo dijo de sí mismo: «Yo soy el camino, la *verdad* y la vida. Solamente por mí se puede llegar al Padre».[4]

---

[4] Evangelio de San Juan, capítulo 14, versículo 6. Biblia «Dios habla hoy».

Aún más: en la literatura apocalíptica del final de la Biblia, los mentirosos no tienen un final feliz.[5]

Uno esperaría que un continente en el que hay tanta gente que se proclama «cristiana» tuviera un menor índice de corrupción y mentiras en el ámbito político y financiero. Por esa razón coloqué en la lista de valores del último trabajo práctico la vida espiritual. Si usted marcó su relación con Dios como una de las cosas más importantes de su vida, quizás este pueda ser un momento para preguntarse si no está haciendo o viviendo alguna situación que no está de acuerdo con su ética cristiana.

No podemos ser «esquizofrénicos religiosos» viviendo de una manera los sábados o los domingos, y de otra de lunes a viernes. Le invito a reflexionar en sus verdaderos valores como cristiano y a cambiar su comportamiento hoy mismo.

Sin embargo, antes del cristianismo, ya el sabio rey Salomón instruía a su pueblo hace tres mil años atrás diciendo: «Adquiere la verdad y no la vendas…».[6] Unos trescientos años antes de Salomón, Moisés nos daba uno de los Diez Mandamientos que decía simplemente: «No darás testimonio falso contra tu prójimo»;[7] e incluso, antes de Moisés, el código de Hamurabi de la Mesopotamia y las antiguas religiones asiáticas hablaban de la importancia de decirle la verdad a nuestro prójimo.

La mentira tiene «patitas cortas»

Tomando como ejemplo un caso ocurrido en nuestros días, podemos ver la relación entre acción y reacción (verdad y consecuencia) durante el mandato del presidente norteamericano Bill Clinton. Cuando el presidente Clinton, por ejemplo,

---

[5]   El Apocalipsis de San Juan, capítulo 21, versículo 8.
[6]   Libro de los Proverbios, capítulo 23, versículo 23. Biblia de Jerusalén.
[7]   Éxodo, capítulo 20, versículo 16. Biblia de Jerusalén.

no dijo la verdad con respecto a su involucramiento con la señorita Mónica Lewinski, le costó a su país más de cuarenta millones de dólares en gastos de investigación, y le costó al pueblo norteamericano una gran cantidad de pena y dolor.

Lo mismo podríamos decir de las diferentes situaciones y problemas que ha creado la falta de verdad en nuestros países hispanoparlantes. No escribo casos específicos porque no quiero ofender a ninguno de nuestros países hermanos y porque usted conoce esos casos mejor que yo.

Pero no solo los políticos tratan de esquivar la verdad de vez en cuando, también lo hacen la gente de negocios. La razón principal de la crisis del sudeste asiático de 1998—99 se debió a que el sistema bancario japonés permitía y animaba a realizar préstamos a «compadres» de los que tomaban decisiones dentro de los bancos sin una seguridad de que esos préstamos se iban a pagar algún día. Muchos de esos préstamos eran simplemente una farsa, y con el tiempo el castillo de arena se derrumbó, arrastrando con ellos a cientos de miles de personas a la miseria y a la muerte.

Sin embargo, más allá de los negociantes y políticos, debemos reconocer que nosotros también debemos esforzarnos en ser más veraces, más veraces con nuestro esposo o esposa, con nuestros hijos, con nuestro jefe en el trabajo o con nuestro socio en el negocio.

Decir la verdad a pesar de las consecuencias es señal de un carácter maduro; es el tipo de carácter que están buscando hoy tanto las empresas grandes como las pequeñas; es uno de los valores que demuestran el nivel de confiabilidad que se puede tener en una determinada persona.

Cuando uno va a invertir en emplear a alguien, o cuando va a realizar una negociación por millones de dólares, es imperativo poder confiar en el individuo con quien uno está haciendo negocios.

Conozco personalmente casos en que empresarios de Hispanoamérica han perdido oportunidades de negocios por cientos de miles de dólares porque su modo de conducta no inspiraba confianza en el inversor extranjero.

La verdad tiene consecuencias, la mentira también

Hace algunos años la empresa de aviación Douglas estaba compitiendo con la Boeing para venderle a Eastern sus primeros jets. Se dice que el conocido héroe de guerra Eddie Rickenbacker, en ese tiempo el presidente de Eastern, le dijo al señor Donald Douglas que las especificaciones que le había dado para sus aviones demostraban que los DC—8 eran tan buenos como los de Boeing, excepto por la cantidad de ruido dentro del avión. Rickenbacker entonces le dijo a Douglas que le daría una última oportunidad para mejorar su propuesta y presentar mejores números que los presentados por Boeing en cuanto a ese factor. Luego de consultar con sus ingenieros, Douglas llamó a Rickenbacker y le dijo que la verdad era que no podía prometer que sus aviones tuvieran menor cantidad de ruido en la cabina. Rickenbacker entonces le contestó: «Ya lo sabía. Sólo quería ver si usted era todavía honesto».[8]

W. Michael Blumenthal, el presidente de la compañía Unisys, habló en una entrevista con Jerry Flint en la revista *Forbes* del tipo de gente que él elegiría para trabajar en el tope de su empresa: «Al elegir gente para las posiciones más altas uno tiene que estar seguro de que saben la diferencia entre el bien y el mal, que tienen el deseo de decir la verdad, la valentía de expresar lo que piensan y de hacer lo que es correcto, aunque no sea políticamente aceptable. Esa es la calidad de gente que debe estar al tope de la empresa...»

La verdad trae sus consecuencias. Las mentiras también

Oí una vez la historia de un padre que estaba teniendo problemas con su hijo con respecto a la mentira. Le decía al jovencito que estaba faltando a la verdad con cierta regularidad, mientras que el hijo se defendía diciendo que no lo hacía.

Para demostrar su caso, el padre llegó a un acuerdo con su heredero en que por el espacio de un mes cada vez que el hijo fuera hallado diciendo una verdad a medias o una mentira, el padre clavaría un clavo en una sólida puerta de madera que se

---

[8]   Today in the Word, MBI, October, 1991, p. 22.

encontraba al fondo de la casa. Y así ocurrió: cada vez que este descubría al hijo diciendo algo que no era verdad, pacientemente tomaba un martillo y clavaba un clavo en la puerta de madera.

Al transcurrir el mes, tanto padre como hijo se encontraron frente a la famosa puerta para ver los resultados: ¡Estaba totalmente cubierta de clavos!

El hijo, arrepentido, le preguntó al padre qué podría hacer. El padre entonces sugirió que a partir de ese momento cada vez que él eligiera voluntariamente decir la verdad con valentía, a pesar de las consecuencias, su padre iría al fondo de la casa y removería uno de los clavos que había colocado sobre la madera.

Esa idea desafió al jovencito a cambiar su actitud, y no mucho tiempo después el padre se dio cuenta de que estaba quitando el último clavo que le quedaba por remover. Antes de hacerlo, llamó a su querido hijo para que presenciara la escena y pudieran celebrar juntos. Sin embargo, contrario a lo que estaba esperando el padre, su hijo no se veía feliz al terminar la ceremonia de la remoción de clavos.

—Hijo —le preguntó su padre—, ¿no estás contento de que hayamos quitado todos los clavos de la puerta?

—Sí, papá, me alegra que los hayamos quitado —dijo el hijo—. Pero lo que me da tristeza es que, a pesar de haber quitado todos los clavos, allí quedan todavía los agujeros....

Ese es el problema con las mentiras: Aunque más adelante en la vida podamos explicar nuestro comportamiento y pidamos perdón por nuestras acciones, siempre quedarán los «agujeros».

Para poner en práctica

Decía Sócrates que una vida sin un constante autoexamen no vale la pena vivirla.[9] Escriba entonces con sinceridad las respuestas a las siguientes preguntas:

---

[9] Citando a Platón en Apología, 38a.

¿Estoy haciendo algo que no es totalmente veraz, o estoy involucrado en algo que viola mis principios de vida? ¿Qué es?

_____

_____

_____

_____

_____

¿Qué consecuencias podría traerme el decir la verdad?

_____

_____

_____

¿Cómo voy a proceder para cambiar esta situación?

_____

_____

_____

_____

_____

_____

_____

_____

_____

Amor y compromiso

¿Qué tiene que ver el amor con las finanzas? Mucho. El amor es lo que nos provee el balance adecuado en la sociedad de consumo que nos toca vivir; nos permite tener la actitud correcta frente a un sistema económico basado en el consumismo; nos permite saber esperar y entender claramente la razón por la cual comprar; nos da la capacidad de reaccionar correctamente frente a la injusticia y frente a la estafa; nos permite poner en práctica el perdón.

Una economía de mercado sin corazón se convierte en una jungla en la que solamente el más fuerte sobrevive, o se convierte en un mar en el cual el pez más grande se come al chico. ¿Suena conocida la comparación?

Si queremos llegar a la prosperidad integral, debemos empezar a valorar el amor y el compromiso hacia los demás.

Mientras escribía este capítulo recordé que San Pablo había dicho algo sobre el amor. Cuando leí el pasaje, me llamó inmediatamente la atención la «conexión financiera» de las características con las que un filósofo religioso del primer siglo describe el amor (una descripción hecha en una cultura primordialmente agraria ¡hace dos mil años atrás!)

Tome un lápiz y haga un círculo alrededor de la palabra que tiene una conexión económica en esta descripción de San Pablo:

> Tener amor es saber soportar;
> es ser bondadoso;
> es no tener envidia, ni ser presumido,
> ni orgulloso, ni grosero, ni egoísta;
> es no enojarse ni guardar rencor;
> es no alegrarse de las injusticias, sino de la verdad.
> Tener amor es sufrirlo todo, creerlo todo,
> esperarlo todo, soportarlo todo.[10]

[10] Primera Carta de San Pablo a los Corintios, capítulo 13, versículos 4-7. Versión Popular.

¿Vemos ahora la conexión entre el amor y nuestra vida financiera?

Si no sabemos **soportar,** no tenemos dominio propio, que es la clave para el éxito en el manejo de nuestras finanzas (ya lo veremos más adelante).

La **envidia,** la **presunción,** el **orgullo** y el **egoísmo** son «torpedos financieros» en nuestra vida económica. Puede ser que estemos haciendo todo lo demás correctamente y luchando con éxito la batalla en la superficie financiera de nuestras vidas. Pero estos «torpedos» se acercan silenciosamente por debajo de la superficie, y de un solo golpe destrozarán todo el trabajo de nuestras vidas.

El **enojarse** y el **guardar rencor** son una carga emocional que debemos llevar a cuestas cada día desde que nos levantamos hasta que nos vamos a dormir. Nadie puede ser 100% efectivo con una carga emocional como esa. Si no aprendemos a perdonar y a dejar esas cargas en el pasado, nunca podremos disfrutar de la prosperidad integral, porque ella implica no solamente el éxito en lo financiero sino también el éxito en la vida personal, la vida familiar y la vida interior.

La **bondad,** el **buen trato** hacia los demás (no ser grosero), el sentido de **justicia,** y un **carácter perseverante** (sufrirlo todo, creerlo todo, esperarlo todo, soportarlo todo), nos permitirán crear el ambiente para que nos ocurran las cosas positivas de la vida; para recibir ayuda de los demás en el momento de necesidad; para recibir la mano amiga que nos llevará hacia arriba cuando menos lo esperamos; para recibir las bendiciones de Dios.

El amor es una decisión, no solamente un sentimiento. Si el amor no fuera una decisión, nunca se nos diría «ama a tus enemigos». En realidad, lo que siento por mis enemigos es odio. Pero si los amo es porque he decidido hacerlo.

Amar es un verbo, no un adjetivo ni un sustantivo. Es una acción. La frase «amo a tal o cual persona» simplemente describe una acción que he decidido tomar. Usamos la frase «estoy enamorado» como si fuera algo que nos ha ocurrido a nosotros cuando en realidad es algo que nosotros hemos decidido hacer: amar a alguien.

Muchas de las separaciones y divorcios hoy en día son la consecuencia del abandono del compromiso de amar a través del tiempo y de las circunstancias de, por lo menos, uno de los miembros de la pareja. El amor es una decisión de nuestra voluntad.

Uno puede «amar si...»
— Te amo si me amas.
— Te amo si te portas bien (dicen las madres a sus hijos).
— Te amo si satisfaces mis expectativas.
— Te amo si haces lo que yo te digo.

Uno puede «amar porque...»
— Te amo porque me amas.
— Te amo porque eres guapo (o guapa).
— Te amo porque tienes recursos económicos.
— Te amo... ¡porque no pude atrapar a ningún otro!

Pero el verdadero amor se expresa en «amar a pesar de...»
— Te amo a pesar de que no me amas.
— Te amo a pesar de que no llenas mis expectativas.
— Te amo a pesar de que estás envejeciendo o no eres tan linda como antes.
— Te amo a pesar de que no eres de mi misma raza o no piensas igual que yo.
— Te amo a pesar de que hoy siento que no amo ni a mi propia madre.

Aquellos que están más cerca del cristianismo seguramente recordarán claramente aquella cita que dice que Dios muestra Su *amor* para con nosotros en que *a pesar de* que éramos pecadores, Cristo murió por nosotros.[11]

Aprender a amar «a pesar de» no solamente refleja el carácter de nuestro Creador sino que también es esencial para sentirnos realizados como personas.

[11] Carta de San Pablo a los Romanos, capítulo 5, versículo 8.

Ternura y compasión

«Yo declaro ser nada más que un hombre común,
con capacidades menores que las de un hombre
        promedio.
No me cabe la menor duda de que cualquier
        hombre o mujer
puede lograr lo que yo he logrado
si realiza el mismo esfuerzo
y cultiva la misma esperanza y la misma fe».

Mahatma Gandhi

Valorar la compasión hacia los demás en la vida está íntimamente ligado con el valor anterior. La compasión hacia los demás es, justamente, el resultado natural de un amor incondicional. Esa es la actitud que hace grande a los países, a las sociedades, a las familias y a los individuos.

Aristóteles dijo trescientos años antes de nuestra era que «en los lugares donde alguna gente es extremadamente rica y otros no tienen nada, el resultado será una democracia extrema o una absoluta oligarquía, o el despotismo vendrá de cualquiera de esos dos excesos».[12]

El amor al prójimo, la ternura y la compasión nos permiten balancear las diferencias y ayudar al necesitado con sus deficiencias para lograr una mejor sociedad en cada uno de nuestros países. No por obligación ni por lástima, sino por compasión.

La lástima me coloca en una actitud superior a mi prójimo: por lástima doy una limosna; la compasión me coloca *junto* a mi prójimo: por compasión estoy dispuesto a dar mi vida en pos de un ideal.

Compasión es una palabra compuesta (com—pasión), y significa «tener la misma pasión», «tener el mismo sufrimiento que...», o «sufrir con...». Compasión es la habilidad de sentir el mismo sufrimiento que siente la persona que tenemos al lado.

[12] Nicomachean Ethics, I.1.1094a.

Alexander Solzhenitsin, el gran poeta y líder de los derechos humanos en Rusia, dijo cuando le entregaron el premio Nóbel en 1970: «La salvación del hombre se encuentra solamente en llegar a hacer que *todo* le importe a *todos*». El problema de nuestros días es que a todos no hay mucho que nos importe.

Lo opuesto al amor no es el odio. Ya lo dijimos anteriormente: el odio es un sentimiento, el amor es una decisión.

Lo opuesto del amor es la indiferencia.

Para demostrar ternura y compasión uno no necesita gastar fortunas. Uno solamente tiene que estar dispuesto a colocarse en los zapatos de la persona que tiene al lado y extenderle una mano amiga en el momento de necesidad.

Uno no necesita convertirse en el Dr. Livingston o Judson Taylor, entregando vida y fortuna para viajar por el continente africano o asiático; no hay necesidad de viajar a la India para unirse al trabajo con los leprosos que estuvo haciendo la Madre Teresa en la ciudad de Calcuta; solo hace falta desarrollar sensibilidad interna hacia el dolor ajeno. El problema es que, en medio de tanto dolor, a veces nos volvemos insensibles.

Recuerdo haber bregado con esa situación de insensibilidad frente al dolor cuando mi esposa y yo ayudábamos a gente de habla hispana en un barrio que en 1995 tuvo más de tres mil novecientos crímenes violentos. Era difícil sentir el dolor ajeno en medio de tanta tragedia. Pero es, justamente, en respuesta a lo vivido durante los once años que pasamos en Chicago, que hoy me siento a escribir este libro.

Uno nunca sabe a dónde lo va a llevar aquello por lo cual uno siente profunda pasión. Puede ser que lo lleve a cambiar la vida de un familiar o de un vecino. ¡Puede ser que lo lleve a cambiar el mundo!

Fue por la pasión que sufría por su pueblo de raza negra que un desconocido pastor protestante como Martin Luther King, Jr. se convirtió en símbolo de los derechos humanos en Estados Unidos de América. Lo mismo le ocurrió a Nelson Mandela en Sudáfrica, quien pasó de ser un prisionero de más de veinte años en las cárceles sudafricanas, para convertirse en el presidente de su país y liderar a su nación en una transición pacífica del *apartheid* a la democracia.

¿Y qué hablar de gente como Mahatma Gandhi en la India, Rigoberta Menchú en Guatemala, Pérez Esquivel en Argentina, y tantos otros hombres y mujeres como usted y como yo que se abrazaron a la bandera de la compasión para cambiar la situación de sus conciudadanos? ¿Quién sabe lo que usted pueda llegar a hacer en respuesta a una situación de injusticia que tenga por delante?

Sea que la compasión le lleve a ayudar a una persona o a un pueblo entero, lo importante es desarrollar esa sensibilidad interior que le permitirá enriquecer su carácter. Recuerde que la prosperidad financiera no significa nada si no va acompañada de la profunda satisfacción interior de estar haciendo algo determinante en la vida de alguien que nos rodea.

En los días que pasé en Chicago recuerdo haberme inspirado en las palabras de San Francisco de Asís. Quizá le puedan ayudar a usted también a comprometerse con la compasión:

> Señor, hazme un instrumento de tu paz.
> Donde haya odio, ponga yo tu amor;
> donde haya duda, ponga yo la fe;
> donde haya desesperación, ponga yo la esperanza;
> donde haya oscuridad, ponga yo la luz;
> donde haya tristeza, ponga yo el perdón.
>
> Oh Divino Maestro, permite que yo no busque
> ser consolado, sino consolar;
> ser comprendido, sino comprender;
> ser amado, sino amar.
>
> Porque:
> dando se recibe,
> olvidando al fin se encuentra,
> y al morir, se resucita
> a una vida eterna con Dios.

No es fácil, pero vale la pena.

Para poner en práctica

Piense si hay alguien que está cerca de usted que esté pasando por un momento difícil en la vida. Escriba los nombres a continuación:

_____

_____

_____

¿Qué podría hacer, en concreto, para demostrar compasión frente a esa situación?

_____

_____

_____

_____

_____

_____

_____

Dominio propio

Declaró el Profeta: «Hemos regresado de la guerra santa menos importante (al jihad al—asghar) para pelear la guerra santa más importante (al jihad al—akbar)». Le preguntaron: «Oh Profeta de Dios, ¿cuál es la guerra más importante?» Él contestó: «Es la lucha contra ti mismo» (Islam Hadith).

El quinto y último valor que enfatizaremos como vital para alcanzar la prosperidad integral es el dominio propio. Uno podría definirlo como la habilidad para llevar a cabo algo que se nos ha pedido hacer, para modificar un comportamiento, para posponer una acción, y para comportarnos de una manera socialmente aceptable sin ser guiados o dirigidos por alguna otra persona.

El dominio propio es un elemento esencial y una marca clara del carácter maduro de un individuo. Sin él es imposible hacer un plan financiero y llevarlo a cabo; sin dominio propio es imposible poder poner en práctica los secretos e ideas que le daré algunas páginas más adelante.

La derrota en esta «guerra santa más importante» es la razón más común por la que organizaciones de ayuda financiera en Estados Unidos mantienen a decenas de miles de consejeros ocupados durante todo el año. Se calcula que los norteamericanos hoy día gastan de promedio un dólar y diez centavos por cada dólar que ganan.

La falta de dominio propio en el país del norte está provocando una cantidad asombrosa de quiebras, tanto personales como empresariales —la cantidad más grande en la historia del país.

Para entender la seriedad del problema que tenemos frente a nosotros con respecto al dominio propio solo bastaría observar el crecimiento de la industria que ayuda a la gente a perder peso, o de la expansión de nuevos problemas de salud que fundamentalmente sean el resultado de un comportamiento arriesgado como la drogadicción, las enfermedades venéreas y el SIDA.

Hay una canción del famoso cantante Ricky Martin que se llama *¿Qué día es hoy?* que dice:

> ¿Qué día es hoy? No me aguanto...
> ...Sin control en mis actos, mal humor, me
>   levanto.
> No hace sol, ni es verano, mi jardín se ha secado,
> ni una flor me ha quedado y mi amor se ha
> marchado...[13]

---

[13] http://www.musica.org/letras/espa2/272.htm

No me sorprende que su amor se haya marchado. ¡Yo también lo haría! Es imposible vivir en paz y en comunión con una persona que no tiene control de sus actos, que reacciona de esa manera frente a la adversidad, y que ha dejado secar su «jardín de relaciones interpersonales». Antes de pedirle una segunda oportunidad a su pareja (como esta canción lo hace más adelante), yo le recomendaría que haga algunos cambios en su vida interior primero...

Dice un antiguo proverbio chino: «Aquel que conoce a otros es sabio; aquel que se conoce a sí mismo es un iluminado; aquel que conquista a los demás tiene poder físico; aquel que se conquista a sí mismo es verdaderamente fuerte».[14]

«A pesar de haber vencido a un millón de hombres en el campo de batalla —dicen los escritos del budismo— en verdad, el conquistador más honorable es aquel que se ha conquistado a sí mismo».[15]

El principio de dominarse a sí mismo es otro Principio del Tao. El aprender a valorar el dominio propio y lograr dominarse a sí mismo en el ámbito de las finanzas está clavado en el corazón de los secretos para lograr la prosperidad integral.

Sin embargo, usted hará lo que su mente piensa, y su mente piensa lo que usted le dice que debe pensar. Hay una serie de frases de nuestro consumismo popular que se han metido en nuestro vocabulario de todos los días y que nos arruinan las posibilidades de salir adelante económicamente. Permítame escribir algunos ejemplos:

a. «Dése un gusto. ¡Usted se lo merece!»
b. «¿Qué le hace una mancha más al tigre?»
c. «Compre y ahorre».
d. «Compre ahora, pague después».
e. «Esta es una oferta especial que no se repetirá jamás en su vida».
f. «La última cuenta la paga el diablo».

---

[14] Taoísmo. Tao Te Ching 33.
[15] Dhammapada 103.

g. «Usted necesita....» (y aquí viene siempre el artículo que le quieren vender).
h. «Lo importante es disfrutar el hoy».
i. «¿Por qué esperar?»

Si usted cree las farsas de aquellos que se quieren enriquecer a cuesta de su trabajo, terminará en la mediocridad. Pero si va a salir del nivel en que se encuentra, solamente lo podrá hacer, como decía Einstein, llevando su mente a un nuevo nivel de pensamiento.

«Siembra un pensamiento y cosecharás una acción —dice un famoso dicho popular—; siembra una acción y cosecharás un hábito; siembra un hábito y cosecharás el carácter; ¡siembra el carácter y cosecharás un destino!»

La capacidad para concretar su destino económico está en sus manos; usted debe tener el ardiente deseo y el absoluto compromiso personal para llevar a cabo su plan.

A estas alturas, entonces, es tiempo de introducir un elemento clave en el control de su destino económico: el poder de la voluntad.

El poder de la voluntad

Hace algunos años atrás Alicia, una amiga de mi familia, tuvo un ataque de embolia cerebral. Cuando el coágulo de sangre que circulaba por sus venas finalmente se detuvo en el cerebro causando ese mal, la mitad de su cuerpo quedó paralizado. La falta de oxígeno había destruido células críticas para el pasaje de información que permitían el movimiento de la parte derecha de su cuerpo y del habla.

Dos años y medio más tarde, si uno veía a Alicia por primera vez, nunca se imaginaría que había estado paralizada y muda por casi un año y medio.

¿Qué ocurrió? ¿Cómo se sanó? Bueno, pues se sanó primero (como siempre) por la gracia de Dios; pero en segundo lugar, por el maravilloso poder de la voluntad de su cuerpo ¡aun sin ella misma quererlo!

Desde casi el mismo momento en que comenzó su tratamiento, su cerebro comenzó a buscar formas de contrarrestar el problema de comunicación interna que tenía. El cerebro de Alicia sabía que tenía problemas para comunicarse con los músculos para llevar adelante las tareas necesarias; también sabía de las células destruidas por la enfermedad. Sin embargo, en vez de abandonarse a «su destino», como muchas personas lo hacen en Latinoamérica, el cerebro de Alicia comenzó incansablemente a buscar otras rutas de comunicación.

Los doctores y Alicia ayudaron en la tarea proveyendo ejercicios para refinar el trabajo cerebral, y con el tiempo y mucho esfuerzo, Alicia volvió a caminar, a mover sus brazos y a hablar normalmente.

A pesar de que este no es el resultado de todos los pacientes con ese tipo de enfermedad, la enseñanza que nos deja nuestro cuerpo es que nuestro Creador nos hizo con una tendencia natural hacia la lucha y no hacia la resignación. Nuestro cuerpo luchará por mantenerse funcionando hasta el mismo momento en el que el caos total nos cause la muerte.

El solo hecho de que en un accidente perdamos algún miembro importante de nuestro cuerpo no quiere decir que las plaquetas de la sangre no irán a tratar de tapar el lugar por donde está ocurriendo la hemorragia, o que los glóbulos blancos no irán a tratar de combatir los gérmenes que están tratando de entrar a nuestro cuerpo. Todo lo contrario, lo harán y lucharán hasta perecer en la batalla.

Nosotros no estamos hechos para entregarnos al «destino»; estamos hechos para conquistar la tierra y subyugarla, estamos hechos para ganar.

«Todo lo pusiste debajo de sus pies» (de los pies del ser humano) dice el rey David en el libro de los Salmos. Uno de los regalos más preciosos que nos dio nuestro Dios es el regalo de nuestra voluntad y de nuestro poder de decisión.

El ejemplo de Viktor Frankl

Hace algún tiempo, mientras leía a Steven R. Covey en *Los siete hábitos*..., me encontré con la historia de este conocido siquiatra judío. Me gustaría que usted la conociera.

Frankl era un siquiatra determinista: Creía que las cosas que a uno le ocurrían cuando niño determinaban cómo uno iba a ser en la edad adulta. Una vez que los parámetros de la personalidad estuvieran establecidos, no había mucho que uno pudiera hacer más adelante para cambiarlos.

Frankl cayó prisionero de los nazis y fue llevado con su familia a un campo de concentración. Casi todos sus parientes perecieron en el campo, y aun Viktor fue víctima de numerosas torturas y horribles presiones sin saber si viviría para ver una nueva mañana. Un día, solo y desnudo en un rincón del pequeñísimo cuarto donde le tenían, descubrió lo que él mismo llamó más adelante «la última de las libertades del hombre» (una libertad que nadie jamás le podría quitar).

Viktor Frankl se dio cuenta de que los nazis tenían el poder para controlar todo su entorno, todo el ambiente en el que él se movía, pero no tenían el poder para controlar cómo él reaccionaría frente a la situación en la que se encontraba. Todavía tenía la libertad de decidir de qué manera esa situación le afectaría interiormente.

Él podía decidir si dejar que sus circunstancias le destrozaran emocionalmente, o si en medio de ellas podría continuar creciendo como persona, manteniendo la calidez de su vida interior en medio del crudo invierno del nazismo en su país.

Es cierto lo que dijimos con anterioridad: que para cada acción existe una reacción, para cada estímulo una respuesta. Pero Viktor Frankl, en medio de los horrores del campo de concentración nazi, descubrió un principio fundamental de la naturaleza humana: *Que entre el estímulo y la respuesta, el ser humano tiene libertad de elección, tiene el poder para decidir*.[16]

---

[16]   Stephen R. Covey. The Seven Habits of Highly Effective People. Páginas 69 y 70.

Por eso muchos de nosotros tomábamos la guitarra y durante los recreos que teníamos en la escuela primaria o secundaria cantábamos con alegría a pesar de que estábamos viviendo las épocas más duras de la dictadura militar en nuestros países latinoamericanos. Elegíamos ser felices «a pesar de las circunstancias».

Usted tiene la libertad de elegir hoy cómo va a responder a las circunstancias en las que se encuentra. Puede elegir desesperarse, amargarse, rendirse; o puede elegir que hoy será el último día en que el dinero le domine y le amargue la existencia.

Usted puede elegir hoy mismo disfrutar de calidez interior para consigo y para con los que le rodean a pesar de estar pasando por un terrible invierno financiero.

Usted puede elegir hoy mismo, tal como lo hace su cerebro, reconocer cuáles son las fases muertas de su carácter y determinar que a partir de hoy, cueste lo que cueste y lleve el tiempo que lleve, va a encontrar una nueva ruta para llegar a sus metas.

Usted puede hacerlo. Dios lo creó para conquistar la tierra, no para ser arrasado por sus circunstancias.

Vamos a hacerlo juntos.

Para poner en práctica

¿Cómo vamos a empezar a trabajar concretamente en el dominio propio a nivel financiero? Hay cinco cosas que tener en mente:

1. Revise los Principios del Tao y los valores que acabamos de explicar. Escríbalos debajo. ¿Cuáles necesita incorporar a su vida?

_____

_____

_____

_____

2. Haga una lista de las cosas que necesita cambiar en su comportamiento financiero. ¿Toma decisiones con demasiada rapidez? ¿No consulta con otros? ¿Es un comprador compulsivo? ¿No tiene un plan para controlar los gastos, o un presupuesto? ¿Necesita trabajar en alguna de las esferas de Principios y valores que hemos estado hablando? Básicamente, ¿qué debe cambiar en su «ser» y en su «hacer»?

_____

_____

_____

_____

_____

_____

_____

_____

_____

_____

3. Escriba el nombre de una persona que admira y a quien le ha ido bien económicamente. Pregúntele si estaría dispuesta a darle consejos en su vida económica. Elija a un mentor.

_____

_____

4. Escriba debajo los cambios de actitud que usted quiera lograr o las metas que quiera alcanzar. Aquí hay varios ejemplos: «Voy a tener un 'tiempo quieto' todas las mañanas

para meditar; nunca voy a comprar algo de más de trescientos dólares sin pensarlo al menos por veinticuatro horas; antes de hacer cualquier gasto de más de cincuenta dólares lo consultaré primero con mi cónyuge; vamos a estar libres de deudas en cinco años; voy a perder quince kilos de peso; vamos a tener nuestra casa propia en siete años; vamos a comprarnos un auto para la familia; vamos a vivir dentro de un presupuesto» y cosas por el estilo. (Si es cristiano con sus propias palabras encomiende esta lista delante de Dios. Pídale que le ayude a cumplirla. Dice el libro de los Salmos: «Encomienda a Dios tu camino, y confía en Él; y Él hará».[17])

_____

_____

_____

_____

_____

_____

_____

_____

_____

5. Ahora escriba estas decisiones en un pedazo de papel y colóquelo junto a su cama. Léalo todos los días antes de ir a dormir y como primera cosa al levantarse. No haga nada más al principio. Con el correr de las semanas, si es consistente, su mente empezará a trabajar para encontrar formas creativas de hacer realidad esas metas. A medida que las vaya alcanzando, tache la meta con una raya roja. Cuando

[17] Rey David, Libro de los Salmos, capítulo 37, versículo 5.

complete sus metas, mándeme una copia de su lista. Quiero mandarle una carta personal felicitándole por haberlo logrado. Recuerde: ¡Usted ha sido creado para conquistar!

6. Comience inmediatamente a poner en práctica los consejos que vienen a continuación.
   Necesita comenzar ahora mismo a cambiar su «ambiente económico». Un ambiente ordenado siempre lleva hacia un pensamiento ordenado.

7. Cambie las malas amistades y disminuya al mínimo el contacto con aquella gente que le sea dañina en el proceso de crecimiento que está comenzando el día de hoy. Recuerde que «la desgracia siempre busca compañía». Esos que están en desgracia tratarán de que usted se quede con ellos. Se burlarán de usted y se reirán de que esté tratando de ordenar su vida económica. Aquí no estamos hablando de aquellos que son más pobres en dinero (para con ellos debe demostrar compasión), estamos hablando de aquellos que son pobres de carácter y que preferirían verlo fracasar. Evítelos.

_____

_____

_____

_____

_____

_____

_____

¿Cómo llegamos a la prosperidad integral?

1. Presupuesto
2. Dinero disponible
3. Libre de deudas

Un plan eficaz

Corto plazo

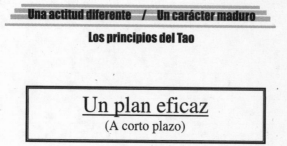

Una actitud diferente / Un carácter maduro

Los principios del Tao

Un plan eficaz
(A corto plazo)

◆ *Secretos para ganar* ◆

UN PLAN EFICAZ

¿Por qué planear?

Para muchos quizá la respuesta a esta pregunta sería obvia, pero como me la encuentro con regularidad a través del continente, voy a tomar algunos minutos para contestarla. Nosotros planeamos nuestra vida financiera porque no hay otra forma en que las cosas nos vayan bien. No hay opción.

Si uno ha nacido y crecido, como yo, en un país con un alto índice de inflación, el planear la forma en que uno gasta el dinero es una cuestión de vida o muerte. La diferencia entre comer o no comer a fin de mes tiene que ver con la forma en que hemos realizado las compras durante las semanas previas. Uno se transforma en un pequeño Ministro de Economía (en realidad, conozco alguna gente en mi país a las que les daría un doctorado *honoris causa* por haber sobrevivido al desastre económico de comienzos de la década de los 80).

Nosotros debemos planear porque el ser humano ha sido creado con una tendencia natural hacia el orden. El universo tiene un orden, el sistema solar tiene un orden, existen leyes en la naturaleza que proveen orden al mundo que nos rodea, el cuerpo humano tiene un orden tan impresionante que todavía nos cuesta trabajo entender cómo tanta complejidad puede funcionar con tanta armonía.

La sociedad tiende a establecer el orden. Por eso existen las leyes. Permítame expresarle que yo creo que para los seres humanos el orden es más importante que la libertad. Es muy interesante ver cómo, cuando se pierde el orden social, los ciudadanos de un país están dispuestos a entregar sus garantías de libertad constitucional para restablecer el orden y la paz.

Esta no es una opinión política, es simplemente la observación de un proceso que nos ha tocado vivir en Latinoamérica: cada vez que perdimos el orden social (o el económico), estuvimos dispuestos a entregar parte de nuestras libertades democráticas con el fin de restablecerlo.

No hay ningún barco en el mundo que no zarpe de un puerto de salida sin tener asignado un puerto de llegada; no hay ningún avión comercial que no levante vuelo en un aeropuerto sin saber a qué aeropuerto habrá de arribar; no existe ningún libro que se comience a escribir sin una idea de lo que se quiere decir; no hay ninguna boda que haya de comenzar sin tener una pareja.

Todo tiene un orden. El universo busca un balance. Todos necesitamos de cierta consistencia en nuestras vidas. Cuando vivía en Chicago me di cuenta de que hasta el borrachín más empedernido siempre buscaba la misma esquina donde sentarse a tomar...

El ser humano tiene una tendencia interior (quizá colocada allí por su propio Creador) a buscar el orden en medio del desorden.

Es por eso que usted compró este libro, porque sabe que hay aspectos de su vida económica que pueden estar mejor ordenados; y si lo están, pueden traerle beneficios a usted y a su familia. Usted y yo, entonces, vamos a buscar el orden en su vida financiera.

Juntos vamos a ordenar su economía

Dice el multimillonario Salomón: «Conoce bien el estado de tus rebaños, y presta atención a tu ganado; porque las riquezas no son eternas».[1]

En esa época, por supuesto, no había estados contables, había rebaños. Tampoco había una bolsa de valores donde invertir, uno invertía en su ganado (vacas teniendo terneros/as, y ovejas teniendo más ovejas).

Sin embargo, podríamos traer ese consejo a nuestros días diciendo:

> «Conoce bien tu estado contable (cuánto tienes y
> cuánto debes),
> y presta atención a tus inversiones;
> porque las riquezas no duran para siempre».

¿Con quién planear?

«Dos cabezas piensan mejor que una» dice un conocido refrán popular. Tiene mucha razón. Por eso le pedí que escribiera el nombre de una persona (o más) a quien admirara por sus logros económicos. «En la multitud de consejeros hay seguridad» oí una vez decir a un amigo citando un Libro Sapiensal.

Hay básicamente dos tipos de personas que vamos a buscar al momento de planear nuestra vida económica: los que están dentro y los que están fuera de nuestro núcleo familiar.

Ejemplos de personas dentro de nuestro núcleo familiar:
a. Cónyuge. Si estamos casados, *siempre* debemos involucrar a nuestro cónyuge en el proceso de planeamiento económico. Es importantísimo hacerlo. De la misma manera en que a nadie se le ocurre dejar el corazón o el estómago encima de la mesa de la cocina antes de salir de compras, no se nos debería ocurrir tratar de planear el camino que se debe seguir en el manejo del dinero a

[1] Salomón. Libra de los Proverbios, capítulo 27, versos 23, 24. Biblia de Las Américas.

nivel familiar si nuestro esposo o nuestra esposa no está dispuesto/a a ir juntamente con nosotros en ese viaje. Nuestro cónyuge es «una sola carne» con nosotros. Nuestra esposa es nuestra «ayuda idónea» en la vida (dije «ayuda idónea», no ¡«ayuda y dueña»!). Nuestra pareja es un importantísimo balance emocional y filosófico al momento de planear nuestras finanzas. Entonces: es **imprescindible** que los esposos trabajen juntos en el plan financiero familiar.

b. Padres. Aunque estemos casados, quizá también convendría involucrar a los padres en el planeamiento económico familiar. Ellos quizá no tendrán muchos títulos, pero tienen algo que es incalculable: experiencia propia.

c. Un miembro de nuestra familia. Si no tenemos cónyuge ni padres, podríamos pedirle a cualquier miembro de nuestra familia que nos ayude siempre y cuando sea de absoluta confianza y coloque nuestro interés sobre otros intereses personales.

Ejemplos de personas que se encuentren fuera de nuestro núcleo familiar:

a. Pastores, líderes cristianos de confianza.
b. Expertos que trabajan en organizaciones sin fines de lucro.
c. Abogados y contadores de confianza.
d. Amigos íntimos.

¿Cómo planear?

Hay múltiples maneras de planear su vida financiera. En nuestro caso, yo siempre recomiendo que se divida la planificación económica de nuestra vida en dos grandes partes: planes a corto plazo y planes a largo plazo.

Los planes a corto plazo son los que hacemos para manejar nuestro dinero desde ahora y por los próximos doce meses. Si usted vive en una situación de inflación en su país, debe considerar hacer sus planes a un plazo menor, quizás a seis meses, quizás a tres. De todas maneras, debemos planear a corto plazo con el fin de establecer un nivel de gastos para nuestra familia.

Los planes a largo plazo son los planes que hacemos mirando al resto de nuestras vidas; son planes en los que nos vamos a preguntar, por ejemplo: ¿A qué edad nos pensamos retirar?, ¿nos pensamos jubilar?, ¿qué estilo de vida queremos tener?, ¿cuáles son nuestros sueños económicos?... Pero ya llegaremos a esa parte. Por ahora, es importante concentrarnos en saber qué es lo que pasa con nuestra vida económica el día de hoy.

Planes a corto plazo (seis a doce meses)

Como dijimos anteriormente, los planes a corto plazo son los que vamos a hacer para saber cómo vamos a estar manejando nuestro dinero en los próximos seis a doce meses. Observaremos cómo se nos va el dinero ahora y vamos a pensar qué tipo de arreglos podemos hacer a la forma en que manejamos el dinero para reajustar nuestros gastos de una manera más efectiva.

Para hacerlo vamos a necesitar desarrollar un plan para gastar nuestro dinero al que normalmente llamaríamos «un presupuesto». En la segunda parte de este libro explicaremos, paso por paso, cómo armar un presupuesto familiar (y personal). Es un proceso tan sencillo que cualquier persona que tenga una educación básica de escuela primaria lo puede llevar a cabo. Pero al mismo tiempo, es una herramienta poderosa para llegar al final del mes y cumplir nuestras metas de prosperidad integral.

Es importante aclarar, sin embargo, que un plan para gastar nuestro dinero no necesariamente tiene que incluir un presupuesto, especialmente en países con altos niveles de inflación. Por eso a través de este libro estaré hablando de un «plan económico», un «plan de gastos» o un «plan para gastar nuestro dinero».

Como ejemplo tengo un amigo que se llama Juan Pablo. Es un profesional que vivió en la República Argentina durante los años difíciles de hiper inflación. Juan Pablo no tenía un presupuesto familiar, pero tenía un plan para gastar su dinero.

Todos los meses, cuando cobraba su sueldo de profesional, Juan Pablo lo cambiaba inmediatamente en dólares norteamericanos. Digamos que le alcanzaba para comprar mil dólares (US$1.000). Colocaba los dólares en un sobre y con su tarjeta de crédito compraba inmediatamente todo lo que necesitaba para vivir ese mes. Supongamos que se gastaba los mil dólares en esos gastos a principio del mes.

La tarjeta demoraba cuarenta y cinco días para cobrar esas compras. Para ese entonces, con la tremenda devaluación del peso, el dinero que había gastado un mes y medio atrás ya no valía mil dólares. Ahora valía unos seiscientos o setecientos solamente.

Entonces Juan Pablo, para no tener que pagar intereses astronómicos, cada mes religiosamente tomaba del sobre que tenía debajo de la cama, los seiscientos o setecientos dólares que necesitaba cambiar para pagar completamente su deuda, y automáticamente se quedaba con ¡trescientos a cuatrocientos dólares en el bolsillo!

Esta es una historia real. En el momento en el que la mayoría de la gente en Argentina estaba en una situación de crisis, Juan Pablo ahorraba hasta cuatrocientos dólares por mes y pudo comenzar a construir su casa. Es cierto que no todos los argentinos eran profesionales y ganaban el sueldo de mi amigo, pero la moraleja de la historia es que Juan Pablo tenía un plan: entendió la situación en la que se encontraba y le encontró «la vuelta» al asunto.

Si uno recorriera los países latinoamericanos, podría encontrar miles de historias como la de mi amigo argentino. Estoy seguro de que usted conoce alguna también. Creo que algún día voy a hacer una compilación de estas historias de «éxito en medio de la tormenta» para animarnos mutuamente con el ingenio y el carácter creativo que demostramos los latinoamericanos frente a situaciones económicas que han sido, realmente, de vida o muerte.

Entonces, cuando hablamos de tomar decisiones a corto plazo (para los próximos seis a doce meses), ¿cómo lo debemos hacer y qué tipo de decisiones debemos tomar?

Tome todo un día dos veces al año

Establezca una cita de acá a treinta días con su cónyuge (si es que tiene) o con una persona que le pueda dar una ayuda desinteresada con sus planes financieros. Probablemente va a necesitar tomar todo un día de vacaciones o de fin de semana. No tome menos, la primera sesión de planeamiento no es difícil, pero toma tiempo.

Usted necesita hacer esa cita de treinta días porque en esas semanas que vienen va a necesitar juntar información sobre cómo está gastando realmente su dinero. A pesar de que al final de este libro va a poder hacer un presupuesto, siempre el primer presupuesto no se apega totalmente a la realidad.

Entonces, para ver realmente cómo está gastando el dinero que recibe mes tras mes, vamos a hacer un ejercicio que recomiendo a lo largo y ancho del continente:

Primero, tome una cajita cualquiera (puede ser de zapatos) y colóquela en la cocina de su casa. Cada vez que haga alguna compra, pídale un recibo a la persona que le está vendiendo; después lleve el recibo a su casa y colóquelo dentro de la cajita.

Si en su país o en el área donde vive no se acostumbra a dar recibo, simplemente lleve unos papelitos, y cuando haga una compra escriba qué fue y cuánto costó. Por ejemplo: comida=100 pesos, o zapatos=50 pesos, y colóquelo dentro de la cajita. En la reunión que tendrá con su cónyuge o persona de confianza el mes siguiente, saque los papeles de la caja, divídanlos por categorías (las que están en el presupuesto sugerido que mostraré más adelante), y entonces tendrán una idea más clara en cuanto a dónde están situados económicamente.

Conviene revisar los cálculos del presupuesto cada tres o seis meses para asegurarse que el mismo se ajusta a los cambios de sueldo y los cambios de precios del país.

Calcule del «Dinero Disponible» para gastar

En primer lugar, como dijimos, vamos a decidir cómo vamos a gastar nuestro dinero semana tras semana, mes tras mes, por los próximos seis a doce meses. Para hacerlo, primero debemos averiguar cuánto dinero tenemos disponible para gastar y cuánto nos queda (¡si nos queda!) a fin de mes.

Volveremos a hacer este cálculo en la segunda parte de este libro. Mi meta es exponer ahora los conceptos, y más adelante hacerlo en forma práctica en la sección que llamaremos «Ingredientes del Éxito». Así que ahora puede elegir: si lo prefiere, puede llenar los formularios que muestro a continuación; o si prefiere, puede aprender de qué se trata el asunto y esperar hasta la siguiente parte del libro para llenar estos formularios.

Para calcular nuestras entradas, vamos a tomar una hoja de papel (o podemos usar este mismo libro) y vamos a apuntar todo el dinero que traemos a casa en un mes. Tomamos las entradas y los gastos de un mes porque a pesar de que podamos estar cobrando una vez por semana o dos veces al mes, la mayoría de gastos familiares son mensuales: la luz, el gas, el agua, los impuestos, el seguro del auto, el pago del alquiler o la hipoteca...

Ahora escribamos a continuación cuánto dinero traemos «limpio» al hogar (después de pagar sus impuestos y contribuciones). Si no trae siempre lo mismo, use una cantidad promedio (sume las entradas variables de los últimos seis meses y divídalas por seis):

Cantidad de dinero que trae a casa el esposo en un mes: _____

Cantidad de dinero que trae a casa la esposa en un mes: _____

Otras entradas de dinero (alquileres, inversiones, etc): _____
(sume todas las cantidades)

Total de entradas de la familia en un mes: _____

El siguiente es un paso muy importante: separar el dinero que vamos a compartir con los demás (contribuciones a organizaciones, diezmos, ofrendas, etcétera). Solamente aquellos que aprenden a desprenderse de sus posesiones materiales pueden realmente disfrutar de ellas. Necesitamos aprender a dar desde el mismo comienzo de nuestra planificación económica porque es una parte esencial de nuestra madurez financiera (aprender que dar es mejor que recibir).

Si usted asiste con regularidad a alguna congregación religiosa, seguramente ya tiene separada una cierta cantidad de dinero para dar. A estas alturas seguramente ya sabe «darle a César lo que es de César y a Dios lo que es de Dios».[2]

Es importante restar esa cantidad ahora mismo porque «el hombre es un animal de costumbres», dice un dicho. Si nos acostumbramos desde el comienzo a no ver ese dinero como parte del dinero disponible, nos acostumbraremos a vivir sin él. Si lo incluimos como parte de nuestras entradas, siempre nos va a ser difícil vivir sin él.

Ahora haga la siguiente resta:

Total de entradas de la familia en un mes: ＿＿＿＿

(menos): ＿＿＿＿

Diezmo, ofrenda, dinero para dar: ＿＿＿＿

Total del Dinero Disponible: ＿＿＿＿

El Dinero Disponible (salario menos contribuciones a César y a Dios), es la cantidad de dinero que realmente tenemos para gastar. Mucha gente que se muda de Latinoamérica a Estados Unidos comete el error de creer que la cantidad de dinero para gastar es el sueldo que le dicen que van a recibir. Grave error: el dinero para gastar es el «D.D.» (salario menos contribuciones). No hay que olvidarse de que las contribuciones se pueden llevar hasta ¡30 o 40% de su salario! (no solo hay que

---

[2] Paráfrasis del Evangelio de San Mateo, capítulo 22, verso 21

tomar en cuenta el impuesto de las ganancias -*Income Tax*- sino también todos los otros impuestos estatales, municipales y metropolitanos). Hay que tener cuidado. Cuando nos dicen que nuestro sueldo es de $30.000 al año, por ejemplo, jamás deberíamos contar con $30.000. Uno debe contar con $22.000 como máximo y ajustar su nivel de vida a esa cantidad.

Sé que lo que estoy diciendo suena fuera de lugar en Latinoamérica, pero lo digo en beneficio de los hermanos de habla hispana que viven dentro del país del norte. Este asunto se va a entender mejor cuando hagamos juntos un presupuesto en la sección siguiente. Solo recuerde: la base para sus cálculos de gastos debe ser *siempre* su Dinero Disponible. No importa lo que digan los vendedores de autos, los vendedores de casas, los prestamistas o los bancos. Sus cálculos deben estar siempre basados en el D.D. El resto no existe.

Ahora que ya sabemos cuánto dinero tenemos disponible para gastar mes tras mes, vamos a ver cuánto dinero estamos gastando regularmente en el hogar. Estos números, si no tenemos la información ahora mismo, los podemos llenar una vez que terminemos el presupuesto en la segunda parte del libro.

Gastos que tenemos en casa:

Vivienda: _____

Transporte: _____

Comida: _____

Deudas: _____

Entretenimiento: _____

Vestimenta: _____

Ahorros: _____

Gastos médicos: _____

Seguros: _____

Otros gastos: _____

Total de gastos: _____

Ahora simplemente debemos hacer una resta:

Dinero Disponible: _____
(menos)

Total gastos: _____

Este es el dinero que queda: _____ (¿positivo?/¿negativo?)

Si el balance es positivo, simplemente uno debería hacer algunos ajustes menores para poder llegar a las metas de largo plazo que nos propondremos en un par de páginas más adelante. Si el balance es negativo, habrá que hacer algunos cambios para disminuir gastos o incrementar las entradas.

Planee eliminar todas las deudas y préstamos de consumo

Ahora que sabemos cómo estamos gastando el dinero, nuestra primera meta a corto plazo debe ser el dejar de pagar intereses a prestamistas y a los bancos. Las deudas de «consumo» son las deudas que hemos tomado en artículos que pierden su valor con el tiempo o que los hemos comprado para «consumir» (refrigerador, lavarropas, alimentos, ropa, radio, televisor, etcétera).

En realidad, no deberíamos tener deudas generadas por el consumo; deberíamos aprender a ahorrar y comprar al contado. El hecho de que tengamos deudas de consumo nos puede indicar que estamos consumiendo más de lo que deberíamos.

Aquí hay una buena regla para seguir: si uno siempre gasta menos de lo que gana, ¡nunca tendrá que pedir prestado!

¿Cuáles son las causas de las deudas?

Muchas veces he encontrado que la gente ha caído en deudas porque se ha «estirado» económicamente más allá de lo que debía. Por ejemplo, ha comprado o alquilado una casa más grande de la que tenía que haber comprado, o un auto más caro del que tenía que haber adquirido, o ha hecho un negocio en el que no se tenía que haber involucrado...

Al principio el individuo no sufre las consecuencias de estar gastando más de lo que debiera porque hay gastos que no ocurren todos los meses. Por ejemplo, el auto no se rompe todos los meses, la casa no tiene problemas todos los meses, la familia no se enferma todos los meses, las emergencias no vienen a nuestra vida todos los meses.

La gente generalmente me dice: «Andrés, caímos en deudas porque nos vino una situación inesperada». Y yo pienso: «Lo inesperado no sería tan inesperado ¡si lo estuvieras esperando!»

Las cosas «inesperadas» van a venir a nuestra vida. Espérelas. Somos seres humanos, crecemos, vivimos, nos movemos; las cosas inesperadas nos van a ocurrir. Entonces existe una sola forma de prepararnos para lo inesperado: ahorrando con regularidad.

A partir de hoy usted debe tomar al menos 5% de su «DD» y colocarlo aparte para situaciones inesperadas. Su meta es lograr tener en efectivo, ya sea en una cuenta de banco o debajo del colchón, por lo menos de dos a tres meses de salario. Por ejemplo, si gana $800 al mes, su meta debería ser el tener de $1.600 a $2.400 en dinero efectivo como un fondo de prevención para situaciones inesperadas.

Por supuesto que existen excepciones a la regla, pero en general, si hemos caído en las manos de prestamistas o bajo la opresión de las tarjetas de crédito, es que, por un lado no estamos ahorrando con regularidad, y por el otro estamos teniendo cosas que no deberíamos tener conforme al nivel económico al cual pertenecemos (tomando en cuenta nuestro «DD»).

¿Cómo evitar problemas con las deudas en tarjetas de crédito?

- ¿Cómo se conguja el verbo «tarjetear»?
- Se conjuga: «Yo debo, tú debes, él debe...»

El uso de las tarjetas de crédito se está convirtiendo en un verdadero dolor de cabeza para muchas familias hispanas de nuestros días. Las deudas y tarjetas se acumulan, y juntamente con ellas las tensiones familiares y personales.

Los compromisos contraídos con tarjetas de crédito en Estados Unidos se han cuadruplicado desde el año 1986. La deuda de los consumidores norteamericanos ha llegado a un billón de dólares. Para tener una idea de la seriedad del asunto, si colocáramos billetes de cien dólares, uno encima del otro, con un billón de dólares haríamos una columna de unos ¡cien kilómetros de alto! (unas setenta millas).

¿Y cómo andamos los latinos? No mucho mejor que los «gringos». El crédito fácil ha sido un veneno para muchas de nuestras familias. Por un lado, porque muchos de nosotros crecimos en un pasado donde tener crédito era solo cosa de ricos, y por lo tanto, nunca aprendimos a manejarlo. Por el otro, las oficinas de mercadeo en estos días promueven la idea de «téngalo ahora y page después», una filosofía de consumo peligrosa.

Así que, antes de «tarjetear», tome en cuenta estos principios económicos para no tener jamás problemas con el uso de su crédito:

Nunca compre algo con la tarjeta que no esté presupuestado

Cuando se encuentre frente a la posibilidad de una compra, considere si lo que va a comprar está dentro de su presupuesto. Si no está dentro del plan económico de la familia, dé media vuelta y márchese. El único problema que este principio trae asociado es que muestra una realidad en nuestras vidas como latinoamericanos: ¡Primero debemos aprender a presupuestar!

Nunca desvista a un santo para vestir otro. Si está comprando comida, ropa y otras necesidades básicas de su familia a crédito, es que usted se ha gastado primero ese dinero en algún otro lugar. Pregúntese: «¿Por qué no tenemos el dinero disponible?»

Comprométase a pagar cada mes 100% del balance.

Hágase ese compromiso hoy mismo. Aunque ya tenga muchas deudas en su tarjeta, prométase a que cuando llegue el fin del mes pagará todo lo que cargó en la tarjeta durante ese mes junto con los intereses correspondientes. De esa manera se asegurará de no caer más profundamente en el pozo.

Hoy en día, con el alto interés que están cobrando las tarjetas y lo pequeño que es muchas veces el pago mínimo, si uno hace solamente ese pago, no saldrá fácilmente de su esclavitud económica. Aun más: en algunos casos específicos, si uno hace el pago mínimo que indica la tarjeta, en realidad no solo dejará de avanzar en la reducción de su deuda sino que ¡se continuará hundiendo!

Comprométase a no usar más su tarjeta de crédito

Si uno ha hecho el compromiso de pagar cada mes todo lo que uno coloca en la tarjeta de crédito y de pronto hay un mes que no puede cumplir con su promesa, uno debe aplicar este tercer principio que es, en realidad, una buena forma de practicar nuestras habilidades como primer cocinero.... Es una receta de cocina que me pasaron hace algún tiempo atrás:

a. Caliente el horno a fuego mediano hasta llegar a los 170° C (350° F).
b. Prepare una bandeja para pizza y úntela con aceite o manteca.
c. Coloque sus tarjetas en la bandeja, y esta en el horno por 15 minutos.
d. Llame a la compañía y dígales que cuando caduque la tarjeta no quiere que le manden ningún reemplazo.

No se sienta mal. Eso no quiere decir que uno es un inútil porque las tarjetas no son para uno. Lo que ocurre es que hay ciertos tipos de personalidad que manejan mejor los conceptos y las ideas de tipo «concretas». Esas personas (entre ellos tengo algunos amigos míos muy cercanos) no deben manejar un concepto abstracto como el concepto del crédito. «Tarjetear» no es para usted, maneje dinero en efectivo.

Si usted cumple en su vida financiera estos tres simples principios económicos, nunca tendrá problemas con ese tipo de deudas y ¡desde ahora podrá comenzar a conjugar el verbo «tarjetear» de una manera diferente!

¿Cuáles son algunas pautas, normas o reglas para pedir prestado?

La presión emocional que está trayendo a las familias hispanas el tema de las deudas y las finanzas está haciendo un impacto devastador en el núcleo familiar.

Como dijimos anteriormente, en Estados Unidos las deudas en tarjetas de crédito se han cuadruplicado desde 1986 y representan la causa principal de 90% de las quiebras que se declaran en el país. El año pasado hubo más de un millón de quiebras personales, la tasa más alta en la historia de la nación. En enero de 1997, 25% de los dueños de tarjetas de crédito ¡todavía estaban pagando las deudas contraídas en la navidad de 1995!

Lamentablemente, los que sufren las primeras consecuencias de estas tendencias hacia el endeudamiento no son los políticos ni los empresarios, son los consejeros familiares, los pastores, la familia. Noventa por ciento de las parejas que se divorcian apuntan al aspecto financiero como uno de los más importantes en el desarrollo del conflicto.

A pesar de la frustración personal con la problemática de las deudas, debo admitir que el pedir prestado no es un pecado. Al contrario. El capítulo quince del libro del Deuteronomio nos muestra cómo en una economía creada por Dios mismo, el pedir prestado se permitía, pero al mismo tiempo se regulaba.

Si se me permite, me gustaría hacer un estudio interesante en la tradición judeocristiana (también paralela a otras tradiciones religiosas) donde nos daremos cuenta de que los problemas de préstamos y deudas no son típicos del siglo vein-tiuno. Hace más de tres mil años que existen buenos consejos sobre cómo manejar las deudas. Lo que pasa es que la gente es un poco lenta en entender...

Aquí, pues, hay algunos principios importantes para tener en cuenta al momento de decidir pedir prestado:

El pedir prestado, a través del tiempo y las culturas, siempre se asocia con una idea negativa y no recomendable

En el Pentateuco, por ejemplo, Dios le dice al pueblo de Israel que si obedecen sus mandamientos, las cosas les irán bien, entre ellas: «Prestarás a muchas naciones, y tú no pedirás prestado». Pero si desobedecen, las cosas les irán mal y el extranjero «te prestará a ti y tú no le prestarás a él».[3]

Obviamente, no se les prohíbe pedir prestado, pero se presenta como algo indeseable y que uno debería hacer solo en casos extremos, no como en nuestros días, que el crédito se ha convertido en un integrante más de nuestra planificación financiera.

El sabio Salomón solía citar un proverbio que dice: «El rico se enseñorea de los pobres, y el que toma prestado es siervo del que presta».[4] Y si no lo cree, deje de pagar su hipoteca ¡y después me cuenta quién es el verdadero dueño de su casa!

El pedir prestado debe ser un compromiso a corto plazo

Cuando Dios era Ministro de Economía de Israel, las deudas no duraban más de siete años.[5] Al final de ese período se debían perdonar. Seguramente uno se podría imaginar las precauciones que tomaba el prestamista para asegurarse de que el deudor estaba en condiciones de pagarle.

No es así con los bancos hoy día. Muchos bancos y compañías de crédito (especialmente en Estados Unidos y Puerto

---

[3] Moisés. Libro del Deuteronomio, capítulo 28, versos 12 y 44.
[4] Salomón. Libro de los Proverbios, capítulo 22, verso 7.
[5] Moisés. Libro del Deuteronomio, capítulo 15.

Rico) están prestando dinero a gente que jamás debería recibir un préstamo. El año pasado los norteamericanos recibieron en sus hogares ¡más de *dos mil millones de ofertas de tarjetas de crédito*!

Los prestamistas están flexibilizando las reglas para prestar dinero porque yo creo que el negocio de ellos es tener a la gente pagando intereses y no pagando sus deudas. Por eso la gente hoy en día se está endeudando por mucho más de siete años. En el Japón, por ejemplo, ahora las hipotecas se hacen hasta por ¡dos generaciones!

Nosotros, pues, deberíamos tratar de pagar nuestras deudas lo antes posible.

Lo que se pide prestado se debe devolver

Recuerdo haber leído que San Pablo les enseña a los cristianos de Roma diciendo: «Pagad a todos lo que debéis».[6] Ese es un Principio del Tao, eterno y transcultural. Era verdad en Roma hace dos mil años y es verdad en nuestro país el día de hoy.

Si usted se comprometió con alguien a pagarle algún dinero, usted dio su palabra, no importa si haya firmado un papel o no. Si usted es cristiano (católico o protestante), su palabra representa su carácter, su «ser», su honor y el honor del nombre de su Dios, porque usted se considera su hijo.

Por esa razón el concepto de la quiebra sin restitución del capital no debería existir en nuestras mentes. Solo en un caso extremo, y como último recurso, es justo usar un recurso legal de amparo como lo es la bancarrota para protegerse del asedio de acreedores agresivos. Sin embargo, creo que es inmoral la transferencia de bienes para evitar pagar deudas, y cada una de las deudas adquiridas finalmente se deberían pagar... aunque nos tome el resto de la vida hacerlo.

Leí hace unos días en el Internet que el carácter de una persona no se forja en los momentos difíciles de la vida; en esos momentos solo sale a relucir.

[6] San Pablo. Carta a los Romanos, capítulo 13, verso 7.

No importa lo que diga la ley del país entonces. La moral nos dice que nuestro sí debe ser sí, y nuestro no debe ser no, y que es mejor no hacer una promesa, que hacerla y no cumplirla.[7]

Solo deberíamos pedir prestado si tenemos la certeza de que podemos pagar

Continuando con la idea de que nuestro sí debe ser sí, y nuestras promesas deberían estar basadas en la verdad, solo deberíamos pedir prestado si nuestro «activo» es mayor que nuestro «pasivo». Solo cuando los bienes que tenemos (activo) son mayores que el dinero que debemos (pasivo) podemos estar 100% seguros de que cuando dijimos «préstame, que te lo devuelvo», o cuando usamos nuestra tarjeta para comprar algo, fuimos absolutamente sinceros con nuestros acreedores.

Este principio se hace claro en la compra de un auto nuevo (cero kilómetros o millas): ni bien manejamos el auto fuera de la concesionaria, ya perdió un buen porcentaje de su valor. Si lo hemos comprado a pagar en cuotas mensuales por los próximos cinco años y resulta ser que de aquí a un par de años tenemos problemas económicos, cuando lo queramos vender, ¡el dinero que recibiremos por él no alcanzará para pagar la deuda original! Nuestro pasivo (deuda) es más alto que nuestro activo (dinero que puedo recibir por el auto).

Esto es especialmente cierto en países que han adoptado la misma fórmula de pago de préstamos que se ha adoptado en Estados Unidos, donde los intereses se pagan primero y el capital después.

Para contrarrestar este problema, en el caso de un auto o de una casa podríamos poner la suficiente cantidad de dinero de anticipo («enganche») para que de esa manera pidamos prestado una cantidad menor que el valor del auto en el mercado del usado. También podríamos usar otra propiedad colateral o ahorros para mejorar la situación de nuestro activo.

Entonces, por ejemplo:

[7]   Libro del Eclesiastés, capítulo 5, verso 5.

Si compramos un auto por:	$10.000
Y el valor de reventa es:	<u>$ 8.600</u>
Deberíamos dar un anticipo de	$ 1.400...
	quizá $2.000

De esa manera si tenemos que vender el auto por alguna eventualidad, podemos salir del préstamo que hemos pedido y quedar libres de deudas. Lo mejor, por supuesto, es ahorrar primero y pagar al contado el automóvil que queremos comprar. Lo único que debemos hacer es revertir el ciclo. En vez de comprar el auto primero y pagarlo en cuotas después, pagarnos a nosotros mismos las cuotas en una cuenta de ahorros en el banco y comprar el auto después.

Recuerde que cuando hablamos de pagar intereses, en la nueva economía de mercado el juego se llama «El que paga ¡pierde!»

Finalmente, cuando tomamos un préstamo, cualquiera que sea el motivo, lo primero que debemos pensar es: «¿Cómo salgo de esto en caso de una emergencia?» Debemos manejar nuestras finanzas de la misma manera en que deberíamos manejar nuestro automóvil: siempre pensando hacia dónde maniobrar en caso de accidente.

¿Cómos salimos de las deudas que nos están ahogando?

Si se encuentra en deudas de las que quiere salir lo antes posible, debe seguir los siguientes pasos:

Cambiar interiormente. El «ser» es más importante que el «hacer». Si no hay un cambio interior y un compromiso serio a obedecer los Principios Eternos que hemos explicado, los siguientes pasos serán en vano. En cuanto empiece a «respirar», usted volverá a caer en mayores deudas, igual que el que hace una dieta por los dos primeros meses y vuelve a ganar de peso al tercero.

Establecer un plan para manejar el poco o mucho dinero que uno tiene. El saber cuánto entra y cómo sale le permitirá descubrir esferas en las que puede disminuir gastos y comenzar a ahorrar o, por otro lado, le permitirá saber en cuánto deberá incrementar sus ingresos. En la sección de «Ingredientes para el Éxito» le explicaré cómo armar un presupuesto paso a paso.

Establecer un sistema de control. (Ya hablaremos de opciones también en la parte de «Ingredientes). Sin embargo, si no tiene un sistema de control, especialmente para los gastos que hace con dinero en efectivo, su plan presupuestario no valdrá de nada porque no podrá tapar los agujeros por donde se le escurre el dinero.

Incrementar entradas o disminuir gastos. Poner el plan en marcha.

Hacer una lista de acreedores con datos de cada deuda.(Vea el ejemplo y los consejos en la siguiente sección bajo el título «Pague sus préstamos»).

Establecer un plan de pago.(Ya lo explicaremos también en «Pague sus préstamos»).

Comprometerse a cumplirlo y llevarlo a cabo.

Comience a vivir los Principios y valores de los que hemos estado hablando

Ya lo dijimos antes: «Aunque la mona se vista de seda... ¡mona se queda!» Así que, de nada valdrá hacer un presupuesto y llevar a cabo todos estos pasos si no está comprometido a vivir todos los días de acuerdo con los Principios y valores que hemos hablado hasta ahora. En poco tiempo usted volverá a tomar decisiones equivocadas y nuevamente se encontrará en el mismo lugar donde comenzó.

Adapte el plan a sus necesidades particulares

Cada país es un mundo distinto... ¡cuánto más cada familia y cada individuo! Luego usted sabe el tipo de metas que se debe colocar por delante para los próximos doce meses mejor que yo. ¡Hágalo! No tiene que seguir específicamente las que le doy en este libro. Estas son las mínimas, agregue las que crea necesarias.

Também, cuando lleguemos al momento de armar un presupuesto familiar, tome los porcentajes que le estaremos dando para cada categoría como sugerencias, no como leyes. Si vive fuera de Estados Unidos, ni se fije en esos porcentajes sugeridos, porque están hechos solamente para aquellas personas que viven dentro de aquel país.

Como dije antes, hay treinta millones de latinos viviendo dentro de Norteamérica y pensé que para beneficiarles incluiría estos porcentajes sugeridos para cada una de las categorías del presupuesto individual y familiar.

Para poner en práctica

Un Plan Eficaz
Aquí está lo que hemos visto hasta ahora en esta sección:

1. ¿Por qué planear?
   No hay otra manera de que nos vaya bien.

2. ¿Con quién planear?
   Con el cónyuge *siempre*. Si no tenemos cónyuge, con alguien de confianza.

3. ¿Cómo planear?

   a. Para hacer nuestros planes a Corto Plazo...

      1. Vamos a tomar todo un día, de aquí a un mes, para ver nuestras finanzas.

   Escriba aquí el día que ha elegido: _____

2. Vamos a calcular el dinero que tenemos disponible para gastar cada mes.

   Escriba aquí cuánto es el Dinero Disponible que tiene cada mes (DD): _____

Recuerde: es sueldo menos contribuciones y retenciones.

¿Ya calculó cuánto son sus gastos mensuales?

¿Cuánto necesita para vivir cada mes? : _____

¿Cuánto le queda? (DD menos gastos): _____

3. Vamos a eliminar los préstamos y deudas de consumo.
   a. ¿Por qué caemos en deudas?
      Porque no ahorramos y porque estamos viviendo con
      un rango social al que no pertenecemos.

   b. ¿Cómo evitamos problemas con la tarjeta de crédito?
      Nunca comprar si no está dentro del presupuesto.
      Todos los meses pagar el 100% de lo que cargue.
      Si deja de pagar 100%, se deshace de las tarjetas, no son
      para usted.

   c. ¿Cuáles son las reglas para pedir prestado?
      Pedir prestado siempre es un concepto negativo. Debe
      ser una excepción.
      Debe ser un compromiso a corto plazo.
      Lo que se pide se paga, no hay quiebra que valga.
      Cada vez que pida prestado, debe tener la absoluta segu-
      ridad de poder pagarlo. Para ello su activo siempre debe
      ser mayor que su pasivo. La cantidad que tiene debe ser
      siempre mayor que la que debe.

   d. ¿Cómo salimos de las deudas?
      Debe cambiar interiormente.
      Debe establecer un presupuesto.
      Debe establecer un sistema de control.
      Debe disminuir gastos o incrementar entradas.
      Debe tener una lista con los datos de las deudas.
      Debe establecer un plan de pago.
      Debe comprometerse seriamente en cumplirlo.

4. Vamos a comenzar a vivir los Principios y valores de los cuales hemos hablado.

5. Vamos a adaptar el plan a nuestras necesidades individuales.
   Notas:

_____

_____

_____

_____

_____

_____

_____

_____

_____

Planes a largo plazo

Los planes a largo plazo son los que vamos a hacer mirando a nuestra vida como un todo. Esos serán planes que comenzaremos a poner en práctica ahora y se extenderán hasta el final de nuestros días. Pero antes de ir hacia esos «ingredientes del éxito» que moldearán la parte financiera de nuestra prosperidad integral, quisiera que usted haga cinco cosas:

Determine cuáles son sus metas

Lo primero que necesita saber antes de salir del puerto es a dónde quiere llegar. Sé que es muy difícil para los que crecimos en Latinoamérica mirar tan lejos en el futuro, no estamos acostumbrados a planear con veinte o treinta años de anticipación. Déjeme darle una palabra de aliento: no hay que ser demasiado específico cuando uno planea con tantos años por delante.

Quisiera ayudarle a hacer este ejercicio contándole una experiencia. Esta historia le va a ayudar a poner las cosas en perspectiva y le va a permitir tomar algunas decisiones a largo plazo. Sin embargo, necesito que me preste toda su atención. Si está leyendo este libro en algún lugar donde no se puede concentrar o no me puede brindar toda esa atención, marque la página y retorne a la lectura cuando podamos estar solos.

¿Listo?... Bien.

Usted está caminando por la calle y de pronto nota que hacia su derecha hay una iglesia. Parece ser domingo porque hay muchos autos estacionados en la puerta de la iglesia y hay mucha gente que entra.

Usted decide entrar. Cuando entra se da cuenta de que esa gente no está allí porque es domingo, están llevando a cabo un funeral. Se pregunta si debe pasar o no...

Entra. Se da cuenta de que el féretro está en el mismo centro de la capilla, al final del pasillo por el que entró. Por curiosidad decide seguir a la gente hacia el frente. Se acerca al ataúd y mira. Reconoce inmediatamente al muerto: es usted.

Este es su funeral. Ahora se da cuenta de que toda la gente a su alrededor son sus familiares y amigos. Se sienta en la primera banca.

Ni bien se sienta, pasa al frente un joven que se para junto al féretro. Está a punto de decir algunas palabras sobre usted como padre.

¿Qué quiere que él diga?

Piense: ¿Qué quiere que su hijo diga de usted el día de su entierro?

Ese es su puerto de llegada.

Escriba:

¿Qué cualidades de su carácter quisiera que la gente recordara de usted el día de su partida?

_____

_____

_____

_____

_____

¿Qué cosas materiales, realísticamente y de acuerdo con sus posibilidades económicas, le gustaría haber disfrutado antes de irse de este mundo?

_____

_____

_____

_____

_____

Permítame ayudarle en el proceso de decisión. Es importante que usted y su cónyuge se sienten a la mesa y digan: «Mi amor, ¿cuánto es suficiente para nosotros?, ¿Cuándo dejaremos de andar corriendo tras las cosas materiales?» Para algunos tener una casa, un techo que los albergue, alimento, ropa y escuela para sus hijos, es suficiente.

Algunos de nosotros quisiéramos tener un auto. En Estados Unidos más que ser un lujo, un auto es una necesidad porque las ciudades son muy grandes y su sistema de transporte no está tan desarrollado como en nuestros países latinoamericanos. Tal vez quiera escribir: «Nos gustaría tener dos autos». Perfecto, quizás usted es un profesional, un empresario o tiene los medios para comprarlo.

¿Cuál es el nivel máximo al cual apunta en su vida económica?, ¿cuánto es suficiente, ¿una casa, dos autos, alimento, una inversión en la educación de sus hijos? En algún momento tenemos que detenernos, porque si no lo hacemos caeremos en lo que llamamos el síndrome de «un poquito más».

¿Sabe cómo funciona este síndrome? Dicen que cuando le preguntaron a Rockefeller cuánto era suficiente para él (siendo el hombre más rico del mundo), miró al reportero y le dijo: «Un poquito más». El dinero nunca satisface. Debemos aprender a eliminar el síndrome de un poquito más y debemos concretamente escribir nuestros sueños en un pedazo de papel.

Así, cuando llegue a esa meta económica podrá sentarse en el fondo de la casa y decir con agrado: «Hemos llegado, hemos alcanzado nuestros sueños. Podemos darle gracias a Dios y sentirnos satisfechos».

Entonces, determinar nuestras metas cumple con dos funciones muy importantes: por un lado enfoca nuestras energías y nuestras capacidades hacia un fin determinado, no permite que andemos vagando sin rumbo por la vida.

Por otro lado, sin embargo, también funciona como una forma de ponerle límites a nuestra ambición económica para poder sentirnos satisfechos y agradecidos; y también para dedicar nuestras energías y nuestros recursos a otras causas (por ejemplo, mi esposa y yo hemos decidido que cada centavo que vaya más allá de nuestras metas económicas lo vamos a donar a organizaciones misioneras y de beneficio público).

Ese tipo de actitud no solamente nos proveerá una profunda satisfacción en lo material (haber alcanzado nuestras metas), sino también nos dará una profunda satisfacción emocional y espiritual. Esa es la idea central detrás del concepto de la prosperidad integral.

Aquí hay algunas metas que la gente menciona cuando enseño en mis conferencias:

Casa propia.
Auto (s)
Negocio propio

Educación de los hijos
Educación propia
Seguro médico
Jubilación
Viajes
Vacaciones regulares
Casa para veranear en la playa
Bote para pescar

Ahora escriba las metas que se ha propuesto en la vida, cuánto es suficiente para usted, su esposa y sus hijos, si los tiene.

_____

_____

_____

_____

_____

_____

_____

_____

_____

_____

_____

_____

Haga una copia de esta lista y colóquela junto a su cama. Haga otra y péguela en el refrigerador de la casa o junto al espejo del baño. Necesita recordarse con regularidad a dónde va en la vida.

Prepárese para una maratón

Como lo dijimos anteriormente, el planear a largo plazo no es una carrera de cien metros planos, es un maratón de cinco kilómetros con obstáculos. Entonces, a partir de hoy es importante que fije su mirada en las metas que tiene por delante y en los principios que tienen que gobernar sus decisiones: una actitud diferente, un carácter maduro.

No le debe preocupar el éxito temporal de aquellos que están corriendo esa maratón como si no existiera un mañana. Pronto se cansarán, cometerán errores y no alcanzarán la prosperidad integral. Se desgastarán, desgastarán a sus familias, y finalmente caerán víctimas de sus propias decisiones basadas en principios erróneos.

Recuerde que «el que ríe último ríe mejor».

Comprométase, a partir de hoy, a mirar su vida con mayor profundidad en el tiempo.

Determine claramente sus necesidades

Antes de tomar decisiones con respecto a las metas que se ha puesto por delante, evalúe realísticamente si esas metas son apropiadas. ¿Estará usted poniendo demasiada energía y recursos económicos en un asunto que quizá no requiere un nivel tan alto de inversión?

Déjeme poner como ejemplo la educación de nuestros hijos: En nuestros países creemos que debemos educarlos, lo cual es bueno, pero no todo el mundo tiene que ser un doctor o un abogado. Debemos reconocer las aptitudes que ellos tienen y desarrollar el talento que Dios les ha dado; cumplir el plan de Dios y no el nuestro en sus vidas, para lo cual no siempre es necesario tener un título universitario.

Se cuenta la historia de un señor que era doctor. Un día escuchó gritar a su esposa en el baño: «¡Querido, llama al plomero porque se está desbordando el agua del inodoro!» Entonces el doctor tomó el teléfono y llamó al plomero. Este llegó, subió al baño y en tres minutos sacó un patito de plástico que estaba insertado en el inodoro. Bajó y le extendió una cuenta por setenta y cinco dólares al doctor. Este reaccionó inmediatamente: «Un momentito, le dijo, yo soy doctor y nunca he ganado setenta y cinco dólares en tres minutos». El plomero replicó: «Cuando yo era doctor ¡tampoco!»

Es cierto que en Estados Unidos la mano de obra es carísima, contrario a los países latinos. Sin embargo, el principio es el mismo: no es necesario que uno tenga que ser doctor o abogado para mantener a su familia. Uno puede ganarse el pan de cada día haciendo casi cualquier cosa, con tal de que le guste.

La educación universitaria en algunos países del continente es muy cara; en otros es casi gratis. Por lo tanto, si sus hijos van a ir a la universidad, quizá sería mejor que fueran primero a una pequeña, cerca de su hogar, del gobierno, donde gaste menos dinero. Luego de un par de años puede transferir sus clases a una universidad más grande, quizás a una universidad privada y reconocida, donde pague más.

Planifique las metas educacionales para sus hijos con una actitud balanceada, mirando realmente sus aptitudes y caracteres. Planifique desde que ellos son pequeños, ya sea que estos vayan a tener una educación universitaria o una educación vocacional.

Invierta con inteligencia y precaución

¿Qué prefiere: que le dé un dólar hoy o que se lo dé mañana? Probablemente prefiere tenerlo hoy. Ese es el valor del dinero a través del tiempo: tener en sus manos un dólar hoy vale más para usted que tenerlo de aquí a veinticuatro horas.

Pero ¿qué diría si ofrezco darle un dólar y veinticinco centavos mañana en vez de un dólar el día de hoy? Ahora tiene que decidir. ¿Prefiere esperar hasta mañana y tener veinticinco por ciento más capital, o prefiere tener el dinero hoy?

Esa es la forma en que funcionan las inversiones en el mercado, basadas en la ley de la oferta y la demanda y en un concepto casi erradicado de nuestra sociedad el día de hoy: la paciencia.

De hecho, de acuerdo con un estudio realizado en la bolsa de valores norteamericana, se estima que las inversiones hechas en la bolsa duplican el capital cada siete años aproximadamente.

A continuación voy a darle algunos consejos para invertir su dinero de forma tal que cuando llegue el día de mañana pueda encontrar un dólar con veinticinco centavos en su bolsillo, en vez de darse cuenta de que, en realidad, se gastó el dólar que le di en comprar papas fritas hoy.

a. El primer paso es ahorrar

Es importantísimo que ahorre con regularidad, aunque sea unos pocos pesos cada mes. Si tiene problemas con la divisa de su país, cámbiela en una divisa más estable. Para ahorrar, el secreto es muy sencillo:

1. Aprenda a vivir con menos de lo que gana. Ahora que sabe cuál es su DD y cuáles son sus gastos regulares, va a poder separar cada mes una cierta cantidad de dinero en ahorros.
2. No pague las cosas que compra en cuotas, le cobrarán intereses que podría haber evitado. Recuerde: el que paga ¡pierde!
3. Invierta lo que ahorra. Si solo invirtiera en la bolsa de valores $1,00 por día (tomo la bolsa porque es fácil calcular el promedio de ganancia), ¿cuánto tendría al final de cuarenta años de perseverancia? Los $14.600 de su inversión se convertirían en unos ¡$280.000! (Podría comenzar a ahorrar para sus hijos, ¿no? Si usted y sus hijos son perseverantes, quizá podrían llegar a jubilarse y tener más de un cuarto de millón de dólares en el banco...)

b. El segundo paso es buscar buenos consejeros

No es fácil en estos días encontrar buenos consejeros en el campo de las inversiones de dinero. Dice un refrán semita: «Sin consulta los planes fracasan; pero con muchos consejeros tienen éxito». Como este libro será distribuido en toda Latinoamérica, he decidido restringir mis consejos al ámbito de los principios para invertir y no a dar consejos específicos con respecto a inversiones particulares. (Además, mi trabajo es la enseñanza y no soy un asesor financiero).

Por eso la búsqueda del consejero apropiado en su comunidad es crítica al momento de poner en práctica este paso tan importante. Busque un consejero honesto, con una conocida carrera y de buena reputación, evalúe su comportamiento y sus consejos, pida referencias.

El tercer paso es escribir claramente sus objetivos

Ya lo hemos visto y lo veremos en más detalle: es importantísimo saber a dónde va usted en la vida, cuáles son sus metas. No debe ser específico, pero debe tener una idea general de su meta financiera. Más adelante nos preguntaremos cuánto es suficiente. Basado en sus contestaciones a esta pregunta es que debe trazar un plan de inversiones para lograr llegar al fin de su carrera económica cumpliendo con sus metas a largo plazo.

Por ejemplo: Si usted está ganando $20.000 anuales y está totalmente conforme con el estilo de vida que tiene ahora, usted dice: «Cuando me jubile, esta es justamente la forma en la que quiero vivir». Entonces sabemos que las estadísticas dicen que para mantener su estilo de vida cuando ya no tenga que ir a trabajar cada día, necesitará recibir, por lo menos, 75% de su salario-meta de $20.000. Eso significa que su meta salarial de jubilado es de $15.000 anuales, unos $1.250 por mes. Supóngase que entre su pensión y el Seguro Social usted reciba $9.600. Eso significa que sus inversiones deben proveerle unos $5.400 más cada año (unos $450 por mes).

Si usted quiere, recibir $5.400 de ganancia limpia anual, esa cantidad debe ser el interés que usted gane de una cierta cantidad de dinero que tenga invertida.

Aquí hay un cuadro:

Salario anual al momento de jubilarse:	$20.000
Salario anual para mantener el estilo de vida:	$15.000
Salario provisto por Seguro Social, pensión:	$9.600
Le falta para llegar a su meta:	$ 5.400

Tomando en cuenta que la ganancia promedio en la bolsa de valores por los últimos cincuenta años ha sido 12% anual y que uno podría esperar en Estados Unidos un nivel módico de inflación como de 5% anual para el momento en el que nos jubilemos, eso quiere decir que después de volver a poner en el fondo de inversión 5% que le «comió» la inflación, se queda solamente con 7%. Entonces $5.400 debe ser 7% del capital invertido.

Para ser más claro:

Cuando llega fin de año tendrá una ganancia de...   12%
Pero la inflación del país puede ser que le «coma»...   5%
Entonces retira solamente el   ...7%

Ahora hagamos una simple cuenta para averiguar cuánto debe ser el capital original que, al invertirse, su 7% le dé los $5.400 que necesita:

Si 7% del capital invertido le tiene que dar $5.400.
100% del capital invertido debe ser de (5.400 x 100) y dividido por 7.

5.400 x 100 = 540.000

540.000 dividido por 7 = 77.142,86

Todo esto para decir que su meta es acumular unos $78.000 para que, al ser invertidos, pueda retirar unos $5.400 cada año para suplementar su pensión y el cheque de jubilación que le enviará el Seguro Social, y así poder mantener el estilo de vida que quiere tener cuando se retire.

Capital invertido: $78.000

12% Interés en la bolsa (de promedio) $9.630
Menos: 5% que dejamos por ajuste de inflación $3.900
Capital que retira para su uso personal $5.730

Ahora tiene una meta: acumular $78.000 en los veinte o treinta años que le quedan por delante. Suponiendo que se quiera retirar en veinte años, la pregunta ahora es: ¿Cuánto necesitaría invertir cada mes para acumular esa cantidad? Aquí está la respuesta (y la puede obtener con cualquier programa de computadora en estos días): A 12% de interés anual de promedio, necesitará invertir cada mes $78,84.

Si comienza sin un centavo, y cada mes coloca $78,84 en alguna inversión que le rinda un promedio de 12% anual, en veinte años habrá invertido $18.921,60, y habrá recibido $59.071,29 en intereses para casi llegar a los $78.000 que necesita.

Por si le interesa saber, hice el cálculo con un pequeño programa de computadora que hemos desarrollado en Conceptos Financieros que se llama *Snap Shot Gold*. Si vive en Estados Unidos o Canadá puede llamarme por teléfono y averiguar cómo conseguir uno para usted.

El cuarto paso es obtener un buen margen de ganancia

Uno o dos puntos en la tasa de interés pueden marcar una gran diferencia a través de los años. Por ejemplo, si ahorra $100 por mes a 8% anual, luego de treinta años tendrá unos $150.000. Pero si en vez de recibir 8%, logra recibir 10% anual de promedio por ese período, tendrá un poco más de $228.000 ahorrados. Es notable lo que un par de puntos pueden hacer a través del tiempo.

1. ¿Conoce «la regla del 72»? Es una simple regla matemática que le permite ver cómo las tasas de interés afectarán su inversión. Uno puede averiguar cuánto tiempo tardará en duplicarse una determinada cantidad de dinero invertida simplemente dividiendo el número 72 por la tasa de interés. Por ejemplo: si mi inversión está colocada a 6% de interés anual, me tomará 12 años duplicar la cantidad de dinero invertido porque 72 dividido por 6 es 12.

Aquí hay otros ejemplos:

72 dividido por 8% = 9 años
72 dividido por 12% = 6 años
72 dividido por 4% = 18 años

2. Riesgos a tomar en cuenta:
Invertir, en estos días, no es una cosa del otro mundo.
Unos diez o veinte años atrás, invertir en la bolsa de valores parecía una cosa solo para la gente de mucho dinero. Sin embargo, el día de hoy, con la llegada y el crecimiento de los fondos mutuos, invertir su dinero a largo plazo no debería ser más complicado que abrir una cuenta de ahorros en un banco.

Cuando hablamos de invertir sus ahorros, mi recomendación es que busque una empresa de inversiones reconocida o un banco de confianza que le ayude en el proceso de invertirlos. No trate de invertir por sí mismo (por ejemplo, a través de la Internet), y no se deje llevar por individuos o amigos que inviertan por usted. Busque una empresa reconocida con una historia de, por lo menos, veinte años en el mercado, que tenga un buen nombre y buenas referencias.

Hace unos días leí un artículo en Internet[8] que explicaba las cinco clases de riesgos básicos que tendrá que confrontar cuando invierta, a saber:

Riesgo de inflación: El riesgo de que la inflación del país sea más alta que la tasa de retorno. Por ejemplo, si el banco le da 5% de interés anual, pero la inflación del país es de 7% ese año, perdió dinero.

Riesgo del crédito: Representa la posibilidad de que el gobierno o la empresa a la que le compró los valores se vaya a quiebra o no le pague.

Riesgo de interés: El riesgo de que pierda el valor del mercado de sus bonos, si las tasas de intereses suben.

Riesgo de liquidez: Es la habilidad de convertir sus inversiones en dinero en efectivo nuevamente.

Riesgo del mercado: Es la inestabilidad de los precios de los valores en la bolsa debido al comportamiento (positivo o

---

[8]   http://library.advanced.org/10326/investment_basics

negativo) de las empresas y a las condiciones políticas y económicas del país.

Recuerde que en Estados Unidos el dinero que coloca en inversiones no está garantizado por el gobierno federal. Si usted coloca sus ahorros en una cuenta de banco y ese banco se va a la quiebra, el gobierno es garante de ese dinero y le devolverá todo lo que tenía depositado. Pero si invierte en la bolsa de valores, por ejemplo, y la empresa de la que compró acciones quebró, ese dinero no le será devuelto.

Entender los riesgos que tiene por delante y determinar cuánto quiere arriesgar determinará el tipo de inversión que habrá de hacer. Además, debe tomar en cuenta el tipo de capital que está invirtiendo (¿es un dinero que recibió y no estaba esperando?, ¿son los ahorros de toda su vida?) y la edad que tiene. Si está entre los veinticinco y los treinta y cinco años, probablemente podrá arriesgarse más que si está entre los cuarenta y cinco y cincuenta y cinco.

El riesgo es una parte esencial de la inversión. Lo importante es saber cuánto riesgo uno puede tomar y cuánto capital uno está dispuesto a invertir. Usted debe encontrar el balance en el nivel de riesgo: ni poco, ni mucho. Si toma poco riesgo (con una cuenta de ahorros o un depósito a plazo fijo, por ejemplo), puede ser que la inflación y los impuestos le quiten todas las ganancias. Si toma demasiado, tiene la posibilidad de perder el esfuerzo de años de trabajo y sacrificio.

Aproveche el poder del interés acumulado

«El interés acumulado es la mejor invención del hombre porque permite la acumulación confiable y sistemática de riquezas» dijo Albert Einstein. La mejor forma de usar la acumulación de intereses a su favor (intereses sobre intereses sobre intereses...) es comenzar a invertir sabiamente lo más temprano posible.

Por ejemplo, si al nacer un nuevo bebé en la familia, mamá ahorrara $5 por cada día de trabajo, y papá hiciera otro tanto, esos $10 por día laboral podrían proveer a su hijo, cuando él llegue a los 18 años, $150.000 para gastos de universidad (suponiendo 12% de retorno que ha tenido el mercado norteamericano históricamente).

Si el dinero no se gasta y se continúa invirtiendo $10 por día laboral ($50 por semana, $200 por mes), a los 33 años este joven tendrá $1.000.000. Y si continúa haciendo lo mismo hasta el día de su jubilación a los 65 años de edad, habrá acumulado un capital de ¡2 millones, 350 mil dólares! (suficiente para proveerle, si continúa invirtiendo sabia y conservadoramente, un salario de más de $15.000 mensuales por el resto de su vida).

Por supuesto, si está leyendo este libro en cualquier país de Latinoamérica ya puedo ver su sonrisa a flor de labios... . Sé que no es normal para nosotros el tener $200 para invertir cada mes por el resto de nuestras vidas (aunque en estos últimos años estamos viendo el crecimiento de una clase media educada y con posibilidades en nuestro continente).

De todos modos la enseñanza vale: Algo siempre es mejor que nada, y el poder de la acumulación de intereses se puede aplicar tanto a grandes sumas de dinero como a pequeñas. «Las travesías más largas, dice un proverbio chino, siempre comienzan con un primer paso». Lo importante no es cuánto dinero tenga para invertir el día de hoy. Lo importante es que se conduzca a dar el primer paso.

Diversifique

Este es un importantísimo principio en el tema de las inversiones a largo plazo. Uno no puede «colocar todos los huevos en la misma canasta», como dice el conocido refrán. Porque puede ser que la canasta se caiga y entonces pierda todo su trabajo y sus inversiones.

Si tiene una suficiente cantidad de dinero para invertir, divida esa cantidad entre diferentes inversiones. Si compra acciones en la bolsa con algo del dinero, también debería comprar bonos gubernamentales. Una inversión puede ser que dé buen resultado por algunos años y luego caiga, mientras que otra que en este momento tiene un rendimiento conservador mejore la tasa de retorno en el futuro.

Lo que debe tener en mente es su meta de retorno anual promedio, y luego balancear los productos en los cuales invierta para, al igual que los gatos, «caer siempre parado». En este caso quisiera aconsejarle que estudie cuidadosamente el tema de las inversiones, que se siente con varios consejeros, que no tome decisiones rápidas en este tema, y que continúe evaluando la situación de sus inversiones a medida que pase el tiempo para realizar las correcciones necesarias.

Las inversiones se dividen en varios niveles de riesgo, y usted debe decidir cuánto riesgo tomará de acuerdo a su edad, al tipo de dinero que estará invirtiendo, y a su capacidad personal para tomar riesgos.

Evite las estratagemas para hacerse rico instantáneamente

Cada año miles y miles de personas caen en la trampa de aquellos que promueven «atajos» para la riqueza personal. Estas inversiones económicas siempre suenan magníficas e inevitablemente terminan arruinando años de arduo trabajo. De acuerdo con el Dr. Larry Burkett,[9] hay tres características típicas de este tipo de trampas financieras:

Siempre atraen a gente que no sabe lo que está haciendo. Es muy común, encontrar que los que contagian el «virus» de la inversión equivocada son en muchos casos familiares, amigos, gente del mismo club o iglesia adonde asistimos con regularidad, gente de nuestra confianza.

Animan a la gente a arriesgar dinero que no pueden perder. Muchas veces animan a las personas a pedir el dinero prestado para invertirlo. Cuando nosotros hemos ganado con el sudor de nuestra frente una cierta cantidad de dinero, la tratamos con un cuidado especial. Pero cuando la hemos pedido prestada, es fácil deshacerse de ella y hacer inversiones peligrosas o no muy claras.

---

[9] Larry Burkett. Inversiones sabias (Miami:Unilit), p. 74

Atraen a la gente que tiene la tendencia a tomar decisiones inmediatamente. Recuerde que una de las estrategias para acumular dinero involucra el principio de la perseverancia y la prudencia. Si alguna inversión suena demasiado buena para ser verdad, probablemente no es verdad. Nunca tome decisiones apresuradas y siempre consulte con su cónyuge antes de comprometer dinero con nadie. Si ambos no están totalmente de acuerdo en hacerlo, no lo hagan.

Comience ahora mismo

Si todavía no ha comenzado a invertir su dinero, «nunca es tarde cuando la dicha es buena» dicen por allí. También es cierto eso de que «más vale tarde que nunca». Así pues, aunque no tenga una gran cantidad de dinero disponible y ya haya pasado los días de su juventud, todavía está a tiempo para comenzar a acumular capital para el día que tenga el privilegio de retirarse y dedicarse a hacer otras cosas en la vida, en vez de ir a su lugar de trabajo todos los días.

Para poner en práctica

Un Plan Eficaz
Aquí está lo que hemos visto hasta ahora en esta sección:

1. ¿Por qué planear?
   No hay otra manera de que nos vaya bien.

2. ¿Con quién planear?
   Con el cónyuge y *siempre*. Si no tenemos cónyuge, con alguien de confianza.

3. ¿Cómo planear?

   a. Para hacer nuestros planes a corto plazo... (ya lo vimos anteriormente).

   b. Para hacer nuestros planes a largo plazo...

1. Determine cuáles son sus metas (cuánto es suficiente).
2. Prepárese para una maratón.
3. Determine claramente sus necesidades.
4. Invierta con inteligencia y precaución.
   a. Ahorre.
   b. Consiga un buen margen de ganancia.
      1. Tome en cuenta la «Regla del 72».
      2. Tome en cuenta los riesgos.

   c. Aproveche el poder del interés acumulado
   d. Diversifique
   e. Evite el «hacerse rico pronto».
   f. Comience ahora mismo.

¿Tiene la posibilidad de ahorrar e invertir? ¿Tiene algún dinero ahorrado o le queda algo a fin de mes para invertir? Normalmente necesitará ahorrar unos $1.000 para empezar a invertir.

Escriba a continuación los nombres de dos o tres compañías respetables en su país que se especialicen en inversiones. Llámelos y establezca una cita para hablar de sus opciones de inversión.

Nombre de la empresa	Teléfono y fecha de la cita

SEGUNDA PARTE

◆ *Ingredientes del éxito* ◆

¿Cómo llegamos a la prosperidad integral?

1. Presupuesto
2. Dinero disponible
3. Libre de deudas

1. Metas de la vida
2. Persevere
3. Invierta con cuidado

Un plan eficaz

Corto plazo   **Largo plazo**

U N   P L A N

Una actitud diferente   /   Un carácter maduro

Los principios del Tao

Ingredientes del éxito
Prepara un plan

PREPARE UN PLAN ECONÓMICO

Tú eres una criatura de Dios. El que actúes con pequeñez no le ayuda en nada al mundo. No hay nada iluminante en el achicarse para que la gente a tu alrededor no se sienta insegura. Hemos nacido para manifestar la gloria de Dios que está dentro nuestro. No está solamente en alguno de nosotros, está en cada uno de nosotros. Y en la medida en que dejamos que nuestra luz alumbre a nuestro alrededor, inconscientemente le damos permiso a los demás para que hagan lo mismo. En la medida en que nos liberamos de nuestros propios miedos, nuestra presencia automáticamente liberta a los demás.

Nelson Mandela

Robert Kennedy dijo una vez: «Alguna gente ve las cosas como son y se pregunta: «¿Por qué?». Yo veo las cosas como podrían llegar a ser y me pregunto: «¿Por qué no?»»

Nunca vamos a salir de la mediocridad en la que estamos y alcanzar la prosperidad integral a menos que estemos comprometidos con la tarea de hacerlo. De nada sirve que nos digamos: «Nosotros no hacemos las cosas de esa manera» o «nunca lo hemos hecho antes».

Pues por eso usted está donde está en la vida, porque no ha hecho las cosas de esa manera y porque no las ha hecho antes. Si lo hubiera hecho, probablemente ¡las cosas serían diferentes!

Entonces quiero compartir con usted siete ingredientes que creo que son esenciales para obtener la estabilidad económica a corto y largo plazo. Algunos ingredientes los va a reconocer porque ya hemos hablado de ellos. Ahora quiero ponerlos en una lista de tal manera que pueda tener bien claro qué tipo de cosas debe estar haciendo por el resto de su vida para llegar con comodidad a fin de mes y disfrutar de la prosperidad integral.

Quisiera aclarar que estos son ingredientes y no «pasos» para el éxito económico. No debe pensar en esperar a hacer el primero para luego seguir con el segundo, el tercero y así sucesivamente.

Estos son como los ingredientes que una ama de casa mezcla para hacer un pastel: todos deben estar presentes al mismo tiempo para que el pastel salga sabroso. Si falta un ingrediente u otro, puede ser que no le salga tan bien, o incluso, ¡puede que fracase totalmente! (especialmente, si se olvida la levadura...).

Prepare un plan económico

Hablamos de un plan económico porque el plan de manejo del dinero que voy a darle a conocer tiene que ser adaptado a su situación particular en el país en donde vive. Quizás eso signifique que el presupuesto deba ser calculado en dólares; quizá deba ser revisado cada dos o tres meses; quizá signifique que no tenga que tener un presupuesto en absoluto, sino que tenga que desarrollar un plan propio para manejar sabiamente sus entradas económicas.

Lo importante es que tenga un plan. Si vive en Estados Unidos o Canadá, esta guía para armar un presupuesto es exactamente lo que necesita para manejar sus finanzas con un plan apropiado. Los porcentajes sugeridos son para una familia de cuatro personas que ganan un salario promedio en Estados Unidos. Si no vive en Norteamérica, no les preste atención. Los hemos colocado en beneficio de los millones de personas de habla castellana que sí viven allí.

En esta sección vamos a aprender a armar un presupuesto para su familia, para usted mismo, e incluso, podrá adaptar este material al plan del presupuesto de un negocio, una organización filantrópica, una iglesia, un club social o una organización de beneficencia. Para lograr nuestros objetivos, nos vamos a enfocar en dos esferas importantes. En la primera parte nos dedicaremos a ver la parte filosófica, en la cual estaremos tratando el «por qué» es necesario armar un presupuesto.

La segunda parte será muy práctica. Iremos punto por punto armando juntos el presupuesto familiar. Cuando lleguemos a la parte de las categorías, entre una y otra deténgase unos minutos para trabajar paso a paso.

¿Por qué tenemos que hablar de un presupuesto?

Razones para no hacer un presupuesto

1. «No tenemos qué presupuestar». Alguna gente me dice: «¿Por qué tenemos que armar un presupuesto familiar si no hay nada que presupuestar? ¡No tenemos dinero!» Yo les digo: «Cuanto menos tengamos, más control debemos tener sobre nuestras finanzas». Si hablamos de alguna estrella de fútbol, o de Hollywood, que ganan millones de millones todos los años, quizás ellos puedan darse el lujo de perder un millón por aquí o por allá. Pero si usted y yo perdemos $100 o una mínima cantidad de pesos cada mes, es muy diferente: nuestros recursos son limitados y necesitamos controlar al máximo las salidas de dinero.

2. «No usamos un presupuesto en nuestra familia». Otra gente me dice que no maneja un presupuesto familiar. Pero eso no puede ser cierto porque si uno está vivo, tiene ropa y come todos los días, maneja de alguna manera un presupuesto. Puede ser que no lo tenga escrito; puede ser que lo tenga solamente en su mente; pero seguro que tiene un presupuesto.

Se lo voy a probar: Suponga que su esposa viene un día y le dice: «Querido, ¡cómo me gustaría comprarme ese vestido rojo con pintitas verdes y anaranjadas que vi a la vuelta de casa!» ¿Qué es lo primero que usted piensa? Inmediatamente (y de forma casi inconsciente) calcula: «Cuánto estás ganando y cuánto estás gastando este mes; cuánto tienes que pagar de alquiler o de hipoteca, cuánto gastas regularmente de comida y transporte..., básicamente, cuánto tienes guardado y cuánto necesitas para llegar a fin de mes. Al terminar este proceso de pensamiento puede decidir si comprar o no el vestido. Eso es manejar un presupuesto. No está escrito en blanco y negro sobre un pedazo de papel, pero allí está, en su mente.

Vamos a tratar de colocar ese presupuesto que usted tiene en la cabeza sobre un pedazo de papel para hacer dos cosas: a) para poder tomar el control de nuestras finanzas, ya sean familiares o personales, y b) para ponernos de acuerdo con nuestro cónyuge (si lo tenemos) sobre cuánto y cómo vamos a gastar nuestras entradas de dinero. Usted se evitará muchas discusiones en casa si logra ponerse de acuerdo en un presupuesto familiar con su pareja.

Si no elaboramos un presupuesto, puede presentarse el caso de que llegue un día el esposo a la casa y diga: «Querida, estás gastando demasiado dinero en la comida». Entonces la esposa lo mira y le dice: «¿Cuánto es «demasiado» en comida?» Si no nos hemos puesto de acuerdo en la cantidad de dinero que vamos a apartar cada mes para la comida, no tendremos un indicador que nos diga cuánto es mucho o poco en ese rubro.

Es necesario colocar todas estas ideas que tenemos en la cabeza, sobre un pedazo de papel y hacer un *pacto familiar* donde cada uno de los miembros de la familia acuerden en gastar mensual o semanalmente una determinada cantidad de dinero en comida, ropa, entretenimiento, etcétera.

Cuando nos casamos, mi esposa y yo teníamos alrededor de $5 por semana para salir a pasear juntos. Íbamos a un restaurante, nos sentábamos y pedíamos dos tazas de té. Era lo único que teníamos para gastar en nosotros. Pero lo hacíamos porque es importante que tengamos una cierta cantidad de dinero para gastar en hacer cosas diferentes con nuestra familia, aunque estemos ganando muy poco.

El problema está en que tanto el aspecto del dinero para gastar en nosotros, como el de las misceláneas, es como un agujero negro en el espacio, que se come todo lo que usted ponga allí, a menos que se le ponga un límite. Si no tiene cuidado, ¡allí se le puede ir todo el dinero en efectivo de su salario disponible!

3. «Dios no quiere que nos afanemos por el día de mañana». Por otro lado, mucha gente me dice: «Yo escuché por allí que la Biblia dice que no debemos afanarnos por el día de mañana, porque cada día trae su propio afán». Tienen mucha razón. La Biblia dice: «No os afanéis por el día de mañana».[1] Yo estoy de acuerdo con eso, pero hay una gran diferencia entre «*afanarnos* por el día de mañana» y «*planear* para el día de mañana». Afanarnos quiere decir que estamos ansiosos, preocupados, desesperados, que queremos tomar el control del futuro. Pero la Biblia también nos enseña a planear para el día de mañana para no estar ansiosos, preocuparnos y afanarnos.

Dice San Pablo: «Ahora bien, se requiere de los administradores, que cada uno sea hallado fiel».[2] El problema con los cristianos en Latinoamérica es que muchas veces nos escondemos detrás de nuestra fe para esconder nuestra irresponsabilidad.

Nuevamente aclaro: Planear (como el fiel administrador lo debe hacer) y afanarse por el futuro son dos cosas totalmente diferentes.

Hace algún tiempo recibí una llamada en mi oficina desde un país sudamericano. Era una persona relacionada con el gobierno y me dijo:

[1] Evangelio según San Mateo, capítulo 6, versos 25 al 34. Versión Reina-Valera. Revisión 1960.
[2] Primera Carta de San Pablo a los Corintios, capítulo 4, verso 2. Idem anterior.

—¿Usted cree que Conceptos Financieros Cristianos podría darle una mano al Departamento de Lotería de nuestra ciudad?

Yo le dije:

—Eso me suena raro porque usted sabe que nosotros no aprobamos la compra de billetes de lotería, ni el jugarla; en sí, no apoyamos ningún tipo de juego de azar, pero ¿en qué le podemos servir?

—La ciudad está seriamente preocupada por esa gente que está ganando la lotería. Ganan millones de dólares y dos, tres o cuatro años más tarde están en la quiebra, con las vidas destrozadas, muchas familias rotas por el divorcio, las peleas y los juicios. En vez de ser una bendición para esa gente, es como una maldición.

Nosotros, finalmente, no les pudimos ayudar. Pero me quedó en la mente la idea de que el sabio Salomón tenía mucha razón, las riquezas no duran para siempre. A menos que las manejemos con sabiduría, se nos van a ir de las manos (sean pocas o sean muchas).

Seguramente usted se acordará de la famosa historia del «hijo pródigo» que se llevó la mitad de la herencia de su padre. En un principio tenía dinero para gastar, pero como no trabajaba y seguramente nunca había aprendido a trabajar, no sabía cómo manejar el dinero, y al poco tiempo ese dinero se disipó y desapareció de sus manos. Como ya sabemos, terminó comiendo la comida de los cerdos.

Las riquezas no duran para siempre. Aunque esté pasando por un momento económico bueno o mediano, usted tiene que saber que si no toma el control de esas riquezas, ya sean muchas o pocas, no le van a durar mucho tiempo. Es importante comenzar a controlarlas ahora mismo.

Cómo poner en orden sus finanzas

1. Tome un día entero para discutir estos asuntos con su cónyuge. Ya hablamos de esto anteriormente. Ahora es el tiempo de ponerlo en práctica si no lo está haciendo todavía. Si usted está solo/a, discuta estos asuntos económicos con alguien de confianza.

2. Mire sus gastos en los últimos 12 meses. En varios países de Latinoamérica es común que la gente tenga libretas de cheques. La chequera es un buen lugar al cual acudir cuando se trata de calcular cuánto se está gastando cada mes y en qué. Si vive en un país con inflación, quizá bastará ver sus gastos en el último par de meses. Si no tiene una chequera, simplemente trate de ver qué tipos de gastos tiene en forma regular y cuánto gasta normalmente en ellos. Prosiga al siguiente paso.

3. Guarde los recibos de todos sus gastos del próximo mes. Es bueno que tenga sus recibos a mano. Aquí va la recomendación que hicimos anteriormente en este libro cuando hablamos de armar un plan: establezca un determinado día en el que se va a sentar con su cónyuge para discutir sobre asuntos financieros —de aquí a un mes. Durante los próximos treinta días tome una cajita cualquiera (puede ser de zapatos), y colóquela en la cocina de su casa. Cada vez que haga alguna compra, pídale un recibo a la persona que le está vendiendo; después lleve el recibo a su casa y colóquelo dentro de la cajita.

Si en su país o en el área donde vive no se acostumbra a dar recibo, simplemente llévese unos papelitos y cuando haga una compra escriba qué fue y cuánto costó (por ejemplo: comida 100 pesos, o zapatos 50 pesos) y colóquelo dentro de la cajita. En la reunión que tendrá con su cónyuge o persona de confianza el mes que viene, saquen los papeles de la caja, divídanlos por categorías (las que están en el presupuesto sugerido que mostraré más adelante), y entonces tendrán una idea más clara respecto a dónde están situados económicamente.

Vamos a trabajar juntos en eso.

4. Mire las entradas y salidas. Especialmente en Estados Unidos la gente gasta bastante dinero en comidas fuera de casa y en entretenimiento. Muchas veces las personas no se dan cuenta de la cantidad de dinero que están gastando en esas actividades. Usted va a necesitar una libreta donde colocar la razón, categoría y cantidad de dinero cada vez que gaste. Al mes de observar la forma en la que gasta, va a tener una idea más concreta de cómo está desembolsando su dinero.

Le recomiendo que haga ese ejercicio durante dos o tres meses seguidos. Le tomará aproximadamente de cuatro a seis meses el tener un buen presupuesto familiar bajo control. Tenga paciencia. Esto es un proceso igual que el bajar de peso. La idea no es bajar de peso en una semana o en un mes (la mayoría de las veces volvemos a ganarlo en pocas semanas); lo importante es cambiar la forma en la que comemos por el resto de nuestra vida. Así podemos perder los kilos extra que tenemos y nunca volverlos a recuperar.

El secreto no está en ahorrarse algo de dinero este mes y el que viene; el secreto está en aprender a ser buenos administradores, que controlemos la forma en que gastamos el dinero y tomemos decisiones económicas por el resto de nuestra vida. Allí se encuentra el éxito económico: es una carrera de cinco mil metros con obstáculos y no una de cien metros llanos. Aquí, como dice el refrán: «El que ríe último ríe mejor».

5. Compare sus gastos con sus entradas. En este punto tal vez se dará cuenta si gasta más de lo que está ganando. Recuerde que el secreto para el manejo de las finanzas familiares no está en la cantidad que ganamos sino en la que gastamos. Recuerde que el hombre es un «animal de costumbre» y puede acostumbrarse a vivir con $200, $500 ó $1.000 por mes.

Hay gente que me ha dicho: «Nosotros gastamos $10.000 por mes y no nos alcanza». Hay una ley «casi» natural en el manejo de las finanzas: nuestro nivel de gastos invariablemente se incrementa en una relación directamente proporcional a nuestras entradas. Básicamente, cuanto más ganamos, más gastamos. Aunque nos hayamos prometido de que íbamos a ahorrarnos el aumento de sueldo que nos proporcionó nuestro jefe hace tres meses atrás.

6. Compare su presupuesto con el que sugerimos. Nosotros le proporcionaremos al final de esta sección los porcentajes de un presupuesto que Conceptos Financieros sugiere para una familia tipo en Estados Unidos. De esa manera usted sabrá qué porcentaje de su Dinero Disponible debería estar gastando en cada categoría. En cada país hay un presupuesto que el gobierno sugiere. Generalmente el Departamento de Hacienda es el que presenta y define cuánto debería estar gastando una familia tipo en la canasta familiar básica.

7. Establezca un presupuesto familiar personalizado. Debe comparar su presupuesto con el presupuesto que sugerimos y luego establecer un presupuesto familiar personalizado. Es muy importante que el presupuesto de su familia sea el de su familia y no el de otra. Lo importante no es que en cada categoría esté gastando exactamente el mismo porcentaje de su Dinero Disponible que el que le voy a sugerir, sino que tenga un presupuesto que esté ajustado a los gastos de su propia familia (o de su propia persona como individuo), y que sobre todo, cuando sume todos los porcentajes de su presupuesto personalizado, equivalga a 100% de su Dinero Disponible y no a 110, 120 ó 130%.

Hoy en Estados Unidos la familia tipo está gastando 110% de sus entradas de dinero, es decir $1,10 por cada dólar que ganan. Como es de suponerse, esto está trayendo algunos problemas bastante serios a las familias norteamericanas.

¿Cómo se arma un presupuesto?

Lo primero que tenemos que hacer cuando armamos un presupuesto familiar es dividirlo en dos partes: ingresos y egresos. Vamos a empezar tomando nota de nuestros ingresos.

Ingresos
¿Cuánto está entrando a nuestra casa? Vamos a ver cuánto está ingresando a su hogar. Conceptos Financieros Cristianos tiene un presupuesto modelo que hemos desarrollado. Tome una hoja de papel, escriba la palabra «Ingresos» y anote toda la información que se pide a continuación. O bien, puede llenar las casillas en la planilla de ingresos que le estamos proporcionando.

1. ¿Cuánto dinero trae a casa el esposo? Vamos a escribir la cantidad sin tomar en cuenta aquella porción que corresponde a «César», es decir, la de los impuestos. Si usted trabaja por cuenta propia, va a tener que deducir los impuestos que debe pagar con cada entrada de dinero. Por ejemplo, si usted vende cosas en la calle y lleva regularmente 3.000 pesos a casa sabiendo que a fin de año debe pagar 30% de ese dinero al gobierno, coloque solamente 2.000 en el casillero, porque 1.000 le corresponderán al gobierno, no son suyos.

2. ¿Cuánto trae la esposa? (Si es que ella trabaja fuera del hogar o realiza labores por las que recibe pago.)

3. ¿Cuánto ganamos con nuestro propio negocio? Muchas familias latinoamericanas, a pesar de que tienen un trabajo regular de 40 ó 45 horas por semana, también tienen un pequeño negocio familiar. Si tiene esa entrada extra, ¿a cuánto equivale cada mes? (recuerde quitar los impuestos.)

4. ¿Cuánto estamos recibiendo de alquiler? Muchas familias compran una casa donde vivir y alquilan una parte de ella. Otros han comprado casas para alquilar como un negocio personal o familiar. ¿Cuánto está ganando en alquiler? (También en muchos lugares del continente debemos recordar que debemos pagar impuestos al gobierno por los alquileres recibidos.)

5. ¿Cuánto está recibiendo de intereses en el banco? Quizá tiene un depósito en el banco y está recibiendo una cantidad importante mensualmente.

6. ¿Hay alguna otra entrada de dinero de forma regular todos los meses? En Estados Unidos las familias reciben un retorno de impuestos por parte del gobierno una vez al año. A veces algunos de nosotros tenemos que pagar más al gobierno y algunos recibimos dinero de vuelta del gobierno por los impuestos que hemos pagado. Si usted recibe una cantidad importante de dinero por parte del gobierno o de algún otro recurso una vez al año, le recomiendo que tome ese dinero y lo divida por 12; de esa manera sabrá cuánto de ese dinero debería gastar cada mes. Otra de las opciones es tomar ese dinero y hacer una inversión única en el año, como arreglar la casa o pagar por anticipado parte del principal de la hipoteca de la misma.

Luego sume todas esas cantidades. Una vez que lo haya hecho, réstele las contribuciones, regalos, donaciones, diezmos que dispone para actos de caridad y la cantidad que dará a su iglesia. De esta manera, le estaremos dando a «César lo que es de César y a Dios (o la humanidad) lo que es de Dios».

Algunas personas me preguntan: «¿Debo dar a Dios del neto o del bruto?» Alguien dijo por allí: «¡Nunca des del neto, bruto!» Aprenda a dar a Dios del mismo lugar del cual le da a César. Una vez realizada esta resta, lo que le queda es lo que nosotros llamamos el «Dinero Disponible» (D.D.).

Ahora vamos a trabajar con ese dinero disponible. Esta es la cantidad que tiene para gastar cada mes. Mucha gente, en especial la gente latinoamericana que vive en Estados Unidos, dice: «Andrés, yo gano $20.000 ó $30.000 al año». Eso no es muy cierto porque en realidad, si gana $30.000 al año, lo que lleva a su casa y tiene para gastar es 20, 22 ó $24.000 y no $30.000. Porque al gobierno le pertenece entre 15 y 30% de nuestro salario, y si hemos decidido dar a Dios otro 10%, en realidad, el Dinero Disponible es de solamente unos 18 a $20.000 dólares al año. El problema es que, cuando llegamos a Estados Unidos, gastamos como si tuviéramos $30.000.

En el siguiente paso vamos a colocar la hoja de ingresos aparte y vamos a empezar a trabajar para ver en qué se nos va el dinero. Dividiremos nuestros gastos en 12 ó 13 categorías. Entre ellas estarán: la transportación, la casa, la comida, la cuenta de ahorro, las deudas, la recreación, la vestimenta, la salud, los seguros, y, por supuesto, los famosos «gastos varios» que son como un barril sin fondo, solo Dios sabe qué pasa allí.

Entonces, para resumir:

- Debemos aprender a planear porque no somos millonarios. Los millonarios se pueden dar el gusto de gastar y de perder millones por aquí y por allá, pero usted y yo no podemos hacer eso.

- Todos tenemos un presupuesto armado en la cabeza, lo que estamos haciendo ahora es ponerlo en un pedazo de papel.

- Vamos a tomar un día entero con nuestro cónyuge para hablar de este asunto económico de aquí a treinta días.

- Vamos a guardar los recibos que recibamos durante este próximo mes en una cajita de zapatos para poder tener una idea más concreta de cuánto gastamos, especialmente en lo que corresponde a las misceláneas.

- Vamos a colocar en una hoja de papel cuántos son, realmente, los ingresos que tenemos disponibles para gastar cada mes en el hogar.

Para poner en práctica

Anote sus entradas de dinero en la siguiente planilla:

Planilla de Ingresos y Gastos Mensuales

Ingresos

¿Cuánto trae a casa el esposo?	$_____	Anote la cantidad de dinero que realmente trae al hogar después de que le dedujeron los impuestos gubernamentales.
¿Cuánto trae a casa la esposa?	$_____	Lo mismo que el punto anterior.

¿Cuánto ganan con su negocio propio?	$_____	Cantidad de dinero en promedio mensual que se trae al hogar. No se olviden de deducir los impuestos correspondientes antes de colocar la cantidad.
¿Cuánto reciben de alquiler?	$_____	Si no están alquilando nada a nadie, dejen la casilla en blanco.
¿Cuánto reciben en intereses del banco?	$_____	Si la cantidad es apreciable y suficiente como para hacer un impacto en el presupuesto mensual.
¿Hay alguna otra entrada de dinero?	$_____	Si es esporádica, trate de establecer un promedio mensual. Si les devolverán de sus impuestos, dividan esa cantidad que esperan por 12.
SUME TODAS LAS CANTIDADES	$_____	Estas son las entradas de dinero después de haber pagado sus impuestos.
Réstele a la cantidad anterior sus donaciones	$_____	Recordemos que mejor es dar que recibir.... Aprendamos a dar.
Este es su DINERO DISPONIBLE (**D.D.**)	$_____	Esta es la cantidad de dinero con la que tiene que aprender a vivir.

Egresos (Gastos)

Como mencionamos anteriormente, vamos a dividir los gastos que tenemos en 12 ó 13 categorías:

Automóvil — Transporte. Tenemos que ver cuánto estamos gastando en transporte, ya sea propio o público (autobús, tren subterráneo). En Estados Unidos los gastos de automóvil son bastante importantes. Incluso en Latinoamérica con el precio de la gasolina que a veces es tan alto, los gastos de transporte pueden llegar a ocupar una parte significativa dentro del presupuesto familiar.

Entonces coloque en la categoría de automóviles cuánto está gastando de promedio en gasolina, aceite, reparaciones (de pronto no gasta dinero en aceite o en reparaciones todos los meses, pero puede usar un promedio), impuestos y seguros. Lo mejor es reducir todos esos gastos a nivel mensual.

Por ejemplo, aunque uno no repare el auto todos los meses, debe tener una idea de cuánto está gastando, de promedio, en reparaciones. Para encontrar ese promedio, simplemente calcule cuánto gastó en arreglar el auto en los últimos 12 meses y divida esa cantidad por 12. Lo mismo ocurre con el mantenimiento.

Si no tiene auto, ¿cuánto esta gastando en transportación pública? O, quizás está viajando con alguna otra persona, en el automóvil de alguna amistad, y le da una cierta cantidad de dinero cada mes para ayudarle con los gastos de mantenimiento del auto. Eso se acostumbra mucho en algunos países de nuestro continente: el que una persona maneje y cuatro o cinco personas viajen con él o ella para luego, a fin de mes, cooperar con los gastos de gasolina.

En Conceptos Financieros Cristianos recomendamos que en Estados Unidos no se gaste más de 15% de su DD (Dinero Disponible: salario menos impuestos y donaciones) en los gastos de transporte público o personal.

Vivienda. ¿Cuánto está gastando en su vivienda? Si está alquilando, probablemente esté gastando menos en vivienda que si tiene casa propia. Sin embargo, eso no es siempre cierto, especialmente cuando uno tiene beneficios impositivos del gobierno o se ha involucrado en algún plan gubernamental para proveer casas a bajo costo a la población.

GASTOS DE TRANSPORTE/ AUTOMÓVILES		Coloque aquí el promedio mensual de todos los gastos de transportación que tenga. No tiene que ser exacto, sino una aproximación de los mismos.	*Consejo Amigo...* ¿Cuál es su Dinero Disponible?
Pagos mensuales del auto	$_____ $_____		DD=_____ Multiplique esa cantidad por 0.15
Impuestos	$_____		_____(DD) x 0.15
Gasolina	$_____	Sus cálculos mejorarán con el paso del tiempo.	
Aceite	$_____ $_____		Coloque debajo el resultado... (Esta es la cantidad de dinero que debería estar gastando en transporte como máximo).
Seguro del auto	$_____		
Reparaciones (promedio)	$_____ $_____	Incluya los boletos de tren y autobús. Si tienen más de un auto, sumen los gastos de ambos y colóquenlos juntos.	
Mantenimiento (promedio)	$_____ $_____		
Transporte público	$_____		
Otros gastos	$_____ $_____ $_____ $_____ $_____ $_____		
Sume todas las cantidades: (Este es el total de gastos de transportación que tiene).			

A veces, sin embargo, el mantenimiento de una casa puede ser bastante costoso. Donde las casas son de cemento y ladrillo se requiere de un menor mantenimiento. En aquellos países, como Estados Unidos y Canadá, donde las casas se construyen utilizando mucha madera y yeso, los gastos pueden ser más altos.

En cualquiera de los casos, esta es una categoría muy importante. En general, la vivienda, junto a la comida y el transporte son los aspectos más peligrosos del presupuesto. La mayoría de las personas con problemas financieros que aconsejamos tienen dos problemas básicos: o han comprado demasiada casa o se han comprado demasiado auto.

Stanley y Danko dicen que si usted no es un millonario pero quiere serlo algún día, puede imitar su actitud con respecto a la compra de sus casas: «nunca compre una casa que requiera tomar una hipoteca que sea más del doble de su salario anual»[3]. Entonces, si entre usted y su esposa ganan $50.000 al año, su hipoteca no tendría que ser más de $100.000. Así se comportan los millonarios en Estados Unidos.

Cuando consideramos los gastos de la vivienda, lo primero que tenemos que anotar es cuánto estamos pagando de alquiler o de hipoteca.

¿Hay impuestos o seguros? A veces el seguro, el impuesto y el pago de la casa se hacen juntos en un solo pago. Nosotros le recomendamos que no divida las cantidades sino que coloque una sola cantidad en el casillero destinado a la hipoteca o al alquiler.

¿Cuánto está gastando cada mes en servicios como la luz, el gas, el teléfono, el agua, el cable, etcétera? Si está queriendo hacer un proyecto especial de construcción, ¿cuánto estaría pagando de promedio cada mes por los próximos doce meses?

Algunas ciudades cobran mensualmente a todos los dueños el barrido de las calles, la limpieza y la recogida de la basura. Coloque todos los gastos que están asociados con el mantenimiento de su casa en esta categoría.

[3] Thomas J. Stanley y William D. Danko. The Millionaire Next Door, The Surprising Secrets of America's Wealthy. New York: Pocket Books, 1996, 257 pp. StaMill

Nosotros le recomendamos que no más de 38-40% de su DD vaya a parar a su casa. Si usted vive en una gran ciudad de Estados Unidos, seguramente estará pensando: «¿Pero 38% de mi dinero disponible?, ¿con lo caro que es vivir en Nueva York, Chicago, o los Angeles...!» Es verdad, es caro vivir en esas ciudades o en ciertas casas, pero nadie ha dicho que usted tiene que vivir allí. Quizá no tiene las entradas de dinero suficientes como para hacerlo. De pronto va a tener que ir a vivir a una provincia, un estado, una ciudad o una casa más barata.

El otro día hablaba con un amigo y me decía:

—Andrés, 38% de las entradas de dinero no me alcanza ni para empezar en los gastos de mi casa.

Entonces empezamos a hacer las cuentas. Yo le dije:

—Tú te vistes, ¿no? Entonces de vez en cuando compras ropa. Vamos a ver cuánto gastas como promedio en ropa al mes—. Anoté la cantidad promedio. —¿Cuánto gastas en alimento?— Escribí la cantidad que gastaba en alimento. Le dije: —¿Caminas a tu trabajo?

—No. Tengo un automóvil y a veces manejo una hora u hora y media para llegar. —¿Cuánto estás gastando en tu automóvil?— Así seguimos haciendo cuentas de la cantidad que estaba gastando en cada una de las categorías del presupuesto familiar. Cuando terminamos nos dimos cuenta de que estaba gastando ¡135% de sus dinero disponible!

Pero, si usted está gastando (recuerde especialmente esto si usted vive en el «país del norte») más de 38% de sus entradas de dinero en los gastos de la casa, si está gastando demasiado, necesita pensar en mudarse o quizás irse a vivir a un lugar más barato.

También puede buscar alternativas creativas a sus gastos de vivienda. Por ejemplo, puede alquilar parte de su casa, puede comprar la casa en sociedad con otra familia y pagar la mitad cada uno, puede alquilarla mientras paga la hipoteca (permitiendo que se pague sola), y puede alquilar en algún lugar mucho más barato por algún tiempo, puede construir su casa de a poco, en la medida en que las leyes de su estado y su dinero le alcancen...

GASTOS DE VIVIENDA		Coloque aquí todos los gastos de su vivienda. Si los impuestos y el seguro vienen incluidos en el pago de la hipoteca, escriba el pago mensual total que hace y deje en blanco los otros renglones.	*Consejo Amigo...* ¿Cuál es su Dinero Disponible?
Alquiler	$_____		
Hipoteca	$_____		DD=_____ Multiplique esa cantidad por 0.38 _____(DD) x 0.38
Impuestos	$_____		
Seguros	$_____		
Luz	$_____		Coloque debajo el resultado... (Esta es la cantidad de dinero que debería estar gastando en vivienda como máximo). Sume todas las cantidades.
Gas	$_____		
Teléfono	$_____		
Agua	$_____		
Mantenimiento	$_____		
Cable	$_____		
Internet	$_____		
Proyectos	$_____		
Otros gastos	$_____		
	$_____		
	$_____		
	$_____		
	$_____		
Este es el total de gastos de vivienda que tiene.			

Comida. ¿Cuánto está gastando en alimentos? Escriba cuánto más o menos está gastando en comida mensualmente. Más o menos entre 12 y 15% de sus entradas de dinero deben ir a parar a la comida. A veces un poco más, a veces un poco menos. Por lo general a los latinos nos gusta comer, y nos gusta comer bien. Por eso, cuando nos mudamos a Estados Unidos gastamos más de lo que gastarían los norteamericanos en general. Dicen algunas estadísticas que en Estados Unidos los latinoamericanos, cuando vamos al mercado, gastamos 30% más que la gente anglosajona, y por eso es que los dueños de los supermercados ¡nos aman!

Si observa los comerciales de televisión, va a notar que los mejores son los que tienen que ver con la comida y con las bebidas. Recordemos, pues: en Estados Unidos no más de 15% de nuestras entradas de dinero deben ir a parar a los alimentos.

> Aquí va un dato muy importante: si vive en Estados Unidos y está gastando en la suma de los alimentos, el transporte y la casa más de 75% de sus entradas de dinero, está en serios problemas.

Algo debe cambiar en su presupuesto porque si está gastando más de ese porcentaje, no le está quedando la suficiente cantidad de dinero para las otras ocho o nueve categorías que todavía nos quedan por delante.

Lo importante en un presupuesto familiar no son los porcentajes que le estoy sugiriendo. Por ejemplo, estuve hace poco en Guatemala y de acuerdo a un estudio realizado recientemente, los guatemaltecos están gastando alrededor de 37% de sus ingresos en alimentos y bebidas, pero solamente 21.6% en vivienda.[4] ¿Vemos cómo en diferentes países la estructura de los gastos es diferente?

[4]   Doménica Velásquez. Diario Prensa Libre. 20 de octubre de 1999, página 17. Fuente: Instituto Nacional de Estadística, INE.

Lo importante es que usted le asigne a cada una de las categorías algún determinado porcentaje de su DD, y que cuando sume todas las categorías, estas le den 100% o menos (no 110 ni 120 ó 130%).

Si está casado/a, es imperante la participación de ambos cónyuges en el proceso de decisión sobre la asignación de esos porcentajes. Si el presupuesto familiar es solamente el producto de un miembro de la pareja, créame, está perdiendo el tiempo.

COMIDA	$_____	Incluya todos sus gastos en alimentos. No incluya artículos de limpieza, esos van en los gastos varios. Si los incluye, debe disminuir el porcentaje de «gastos varios». No incluya comidas fuera de la casa, esas son parte de «recreación y entretenimiento».	*Consejo Amigo...* ¿Cuál es su Dinero Disponible? DD=_____ Multiplique esa cantidad por 0.15 _____(DD) x 0.15 Coloque debajo el resultado... (Esta es la cantidad de dinero que debería estar gastando en comida como máximo).
Repita aquí la cantidad que gasta en comida			

Cuenta de ahorros. ¿Cuánto está colocando en su cuenta de ahorros todos los meses? Coloque en el espacio correspondiente cuánto está ahorrando con regularidad. ¿Tiene que poner un cero bien grande? ¡En el futuro habrá que cambiarlo!

Si tiene acceso para abrir una cuenta en un banco, abra una cuenta de ahorros y comience a ahorrar ahora mismo. Y si no,

haga lo que hacía mi abuela: use el colchón de su cama o una la-
tita donde empezar a colocar algo de dinero en forma regular.
Si la moneda de su país fluctúa, empiece a ahorrar en una moneda extranjera más estable (si está permitido por las leyes de
su nación).

AHORROS	$_____	Incluya solamente los ahorros que hace en dinero en efectivo. Las inversiones deben ir en otra parte de su presupuesto, al final.	*Consejo Amigo...* ¿Cuál es su Dinero Disponible? DD=_____ Multiplique esa cantidad por 0.05 _____(DD) x 0.05 Coloque debajo el resultado... (Esta es la cantidad de dinero que debería estar ahorrando mes tras mes como mínimo).
Repita aquí la cantidad que ahorra al mes			

Es interesante notar, por ejemplo, que cuando la gente
está en serios problemas de deudas, nunca me dicen: «Nosotros tomamos nuestra tarjeta de crédito, vamos y gastamos
todo lo que podemos en lo que nos da la gana». Siempre me dicen: «Estamos en deuda en nuestra tarjeta de crédito (o con
nuestros parientes) porque surgió algo inesperado». Yo creo
que lo inesperado no sería tan inesperado ¡si lo estuviéramos
esperando! Si ha estado ahorrando con regularidad, cuando

llegue lo inesperado uno puede ir y tomar esos ahorros evitando que el golpe económico sea tan fuerte.

Como vimos anteriormente, su meta es tener en una cuenta de ahorros o en dinero en efectivo unos dos o tres meses de salario acumulado. No tiene que ocurrir mañana ni el año que viene, pero esa debe ser su meta en cuanto a ahorros se refiere. «Hombre prevenido vale por dos» dice un refrán popular. En cuanto a lo financiero, creo que hombre prevenido debe valer, por lo menos 3.75 ¡más intereses!

Deudas. En esta categoría escriba todos los pagos de deudas y préstamos que está haciendo mensualmente. Por ejemplo, si tiene una tarjeta de crédito con una deuda de $1.000 y está pagando $100 todos los meses, coloque en esta categoría $100 (el pago mensual y no la deuda total). Si le ha pedido dinero a su padre o a algún otro pariente y está pagando la deuda en forma regular, coloque en el casillero cuánto está pagando mensualmente (por lo menos, de promedio). Si tiene una cuenta de fiado o si, por ejemplo, compró un televisor a pagar en cuotas, coloque allí la cantidad del pago mensual.

Ahora, sume todos los pagos de sus deudas y colóquelo en el casillero correspondiente. En Estados Unidos no más de 5% de su DD (dinero disponible) debería ir al pago de deudas.

Recreación. Con gastos de recreación me refiero a las salidas en forma regular. En estos últimos años la generación que nació en los años 60 y 70 está saliendo mucho más que la generación de los 30, 40 y 50. En aquellas épocas, hace 20 años atrás, la gente salía muy poco a comer a los restaurantes; el día de hoy sale mucho más a comer, a pasear, e incluso de vacaciones.

Había una época en la que la gente no salía de vacaciones en forma regular, pero en esta época la gente sale de vacaciones más seguido. Para eso debemos guardar una cierta cantidad de dinero todos los meses, no vaya a ser que llegue el fin de año y uno no sepa de dónde sacar dinero para salir a pasear con su familia.

PAGO DE DEUDAS			***Consejo Amigo...*** ¿Cuál es su Dinero Disponible?
Tarjetas	$_____ $_____ $_____ $_____	Escriba el pago promedio o el pago mínimo que está realizando mensualmente para saldar todas sus deudas.	DD=_____ Multiplique esa cantidad por 0.05 _____(DD) x 0.05 Coloque debajo el resultado... (Esta es la cantidad de dinero que debería estar pagando mes tras mes como máximo en sus pagos mensuales de deudas).
Préstamos	$_____ $_____ $_____ $_____	Aquí no se debe incluir el pago de la casa ni el pago del auto.	
Fiado	$_____ $_____ $_____ $_____		
Sume todas las cantidades. Estos son sus pagos mensuales de deudas.			

Escriba, entonces, en el casillero correspondiente, la cantidad de dinero que gastó en sus últimas vacaciones dividido por 12. A eso súmele lo que gasta todos los meses en salir a pasear o comer solo o con la familia. No más de 4% de su DD debería ir a la recreación.

Gastos de entretenimiento y recreación		Escriba el costo total de las últimas vacaciones dividido por 12, para que le dé el promedio de dinero mensual que debe separar para ese gasto. Escriba cuánto gasta mensualmente en salir a pasear, en comer en restaurantes y en otros entretenimientos.	*Consejo Amigo...* ¿Cuál es su Dinero Disponible? DD=_____ Multiplique esa cantidad por 0.04 _____(DD) x 0.04 Coloque debajo el resultado... (Esta es la cantidad de dinero que debería estar gastando mes tras mes en entretenimiento y recreación).
Vacaciones	$_____		
Restaurantes	$_____		
Salidas de paseo	$_____		
Otros entretenimientos	$_____		
	$_____		
	$_____		
	$_____		
	$_____		
	$_____		
Sume todas las cantidades. Estos son sus gastos mensuales de recreación.			

Ropa. Es importante tener dinero para comprar ropa. Quizá no compramos vestimenta todos los meses, pero es importante que cada mes tengamos una cierta cantidad de dinero que podamos separar para esa categoría. Debería tener una cajita o un sobre donde esté poniendo dinero todos los meses para la ropa. Así, cuando llegue el momento de comprar zapatos para los niños, o ropa para usted, o cualquier cosa que tenga que ver con la vestimenta, no sacará dinero del de la comida para comprarlo, sino que tendrá un ahorro de donde comprar lo que necesita.

Si viene su esposa y le dice: «Querido, ¡cómo me gustaría que me compres ese vestido rojo!», ahora puede ir al sobre correspondiente a la ropa y ver si hay dinero o no. Si hay dinero, cómprelo. Si no, hay que esperar hasta que se pueda ahorrar lo suficiente. De esta manera se evitan las peleas en el hogar, porque nos hemos puesto de acuerdo en separar cada mes algo de dinero para el vestuario personal y familiar. No más de 4% del DD debería gastarse cada mes en el categoría de la vestimenta.

GASTOS DE VESTIMENTA	$_____	Escriba la cantidad que gasta mensualmente, de promedio, en vestirse y vestir a su familia (si la tiene).	*Consejo Amigo...* ¿Cuál es su Dinero Disponible? DD=_____ Multiplique esa cantidad por 0.04 _____(DD) x 0.04 Coloque debajo el resultado... (Esta es la cantidad de dinero que debería estar gastando de promedio en vestimenta).
Repita aquí la cantidad que gasta al mes en vestimenta.			

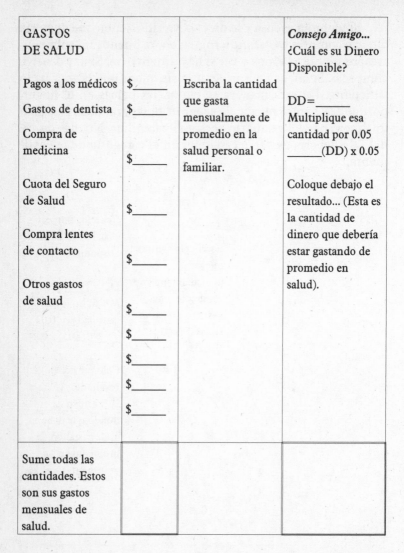

GASTOS DE SALUD			*Consejo Amigo...* ¿Cuál es su Dinero Disponible?
Pagos a los médicos	$_____	Escriba la cantidad que gasta mensualmente de promedio en la salud personal o familiar.	DD=_____ Multiplique esa cantidad por 0.05 _____(DD) x 0.05
Gastos de dentista	$_____		
Compra de medicina	$_____		
Cuota del Seguro de Salud	$_____		Coloque debajo el resultado... (Esta es la cantidad de dinero que debería estar gastando de promedio en salud).
Compra lentes de contacto	$_____		
Otros gastos de salud	$_____		
	$_____		
	$_____		
	$_____		
	$_____		
Sume todas las cantidades. Estos son sus gastos mensuales de salud.			

Salud. ¿Cuánto está gastando todos los meses, de promedio, en médico, dentista o medicinas? ¿Está comprando algún medicamento en forma regular? En casa por razones médicas usamos lentes de contacto descartables. Cada cuatro meses debemos comprar lentes nuevos. Lo que hacemos es tomar el gasto que tenemos cada 4 meses, dividirlo por 4 y colocar ese dinero aparte en nuestra cuenta de ahorros cada mes. Cuando llega el momento de comprar lentes, tenemos el dinero ahorrado.

Puede ser que también tenga ese tipo de gastos. Cada cierta cantidad de tiempo quizá tiene que comprar alguna medicina o asistir al doctor con regularidad. Si el gasto es cada 3 meses, divídalo por 3 y colóquelo en el casillero; si es cada 4, divídalo por 4.

También puede ser que tenga un seguro de salud que esté pagando en forma mensual. En Estados Unidos los seguros de salud son bastante caros. Es importante que anote la cantidad que paga de seguro de salud dentro de esta categoría. Nuevamente, no recomendamos que más de 5% de su DD vaya a los gastos relacionados con la salud.

De todos modos, una familia con niños puede ser que esté gastando más, y una sin ellos puede ser que esté gastando menos. En muchos países, como en el Canadá, el estado provee servicios de salud, que son gratuitos a la población. En otros países existe un pequeño pago que debe hacer el individuo, mientras que en otros, todo lo que tiene que ver con la salud es extremadamente caro.

Sea cual fuere su situación particular, siempre le recomendamos tener un pequeño fondo de dinero para problemas de salud inesperados.

Seguros. ¿Tiene un seguro de vida? Debería tenerlo. Por lo menos, debería tener la seguridad de que cuando pase a la presencia de Dios, hay en algún lugar suficiente cantidad de dinero como para dejar todas sus cuentas cerradas. Recibí una carta hace algunos días de una señora que vive en el Caribe que me dice: «Mi esposo ha pasado a la presencia de Dios hace un par de semanas y me dejó más de $65.000 en deudas. ¿Qué hago!». Es terrible. Los varones no deberíamos ser tan irresponsables con nuestras viudas y nuestros niños. Todos debemos tener un seguro de vida, por lo menos como para cerrar cuentas, para el entierro y para el futuro de nuestros hijos/as.

Me enteré en el sur de Estados Unidos del caso de un finado que estuvo cinco días en el comedor de su casa porque nadie lo quería enterrar. La compañía que estaba a cargo del entierro quería, por lo menos, 50% del dinero por adelantado y la viuda no tenía un peso. Enterrar al hombre costaba casi $5.000 y había que pagar, por lo menos, $2.500 antes de tocar al muerto. Así que allí se quedó este señor: en el comedor de su casa hasta que varias iglesias de la zona se enteraron y juntaron los $2.500 necesarios para resolver la situación. Les tomó cinco días juntar el dinero y pagarle a la empresa para que enterraran al hombre.

Uno diría: «¡Pobre hombre, qué terrible es la compañía funeraria!» ¡No, señor! Yo diría: «¡Pobre mujer!». Ese hombre fue totalmente irresponsable. Viviendo en Norteamérica él conocía muy bien los costos del entierro de una persona. Él también sabía que a través de su trabajo podría haber comprado un seguro de vida.

Fue por su culpa que medio pueblo tuviera que andar buscando el dinero para ponerlo bajo tierra. Fue culpa de él también el haber dejado a su mujer en la pobreza. En Estados Unidos el costo de un seguro de vida es extremadamente barato comparado con el sueldo que se recibe. Con dos o tres horas de trabajo al mes podría haber pagado un seguro de vida que pudiera costear todos los gastos de su entierro y haberle dejado un par de miles de dólares a la viuda para que se ajuste a su nueva situación.

Lo que pasa es que no nos gusta hablar de la muerte; creemos que si hacemos arreglos para cuando nos vayamos a morir, eso nos va a traer mala suerte. ¡Todo lo contrario, señores! La pregunta con respecto a la muerte no comienza con «Si...», comienza con «Cuando...». Tengo malas noticias: usted se va a morir algún día.

Entonces, cómo quiere que le recuerden en su funeral, ¿como un esposo y padre sabio, previsor y amante de los suyos, o como el irresponsable que dejó a su familia «entre la pampa y la vía»?

Nosotros los varones (y las mujeres también), debemos tener la cantidad suficiente de seguro para dejar las cosas en orden. No es tan caro como pensamos y demuestra una actitud de madurez y responsabilidad de nuestra parte.

Aquí hay algunas preguntas que me gustaría hacerle:

¿Tiene un seguro de vida? Sí:_____ No:_____

Si lo tiene, ¿saben sus beneficiarios que lo tiene?
Sí_____ No:_____

¿Cuál es el valor total de su póliza de seguro de vida? _____

¿Es suficiente para cubrir sus gastos de entierro, pagar todas sus deudas, y proveer para las metas educacionales de sus hijos/as? Sí_____ No_____

Si no tiene un seguro de vida, escriba el nombre de un par de compañías respetables, sus números telefónicos, y para cuándo ha hecho una cita con ellos:

Nombre de la empresa de seguros	Teléfono	Fecha de la cita

Nota: El seguro de vida no representa una «falta de confianza en la provisión de Dios» (me lo han preguntado en varias oportunidades). Al contrario. Recuerde que el seguro de vida no es una lotería sino un «fondo común» entre varias personas para ayudarse a proveer para sus necesidades en caso de alguna emergencia. Representa la inversión de su capital durante la época de las «vacas gordas» para proveer durante la época de las «vacas flacas». Es el imitar a la hormiga, que guarda durante el verano para proveerse durante el invierno.

COSTOS DE SEGUROS			*Consejo Amigo...* ¿Cuál es su Dinero Disponible?
Seguro de vida	$_____	Escriba la cantidad que paga mensualmente en seguros. No debe incluir el seguro de salud, el de la casa ni el del auto, porque ya están incluidos en otras categorías.	DD=_____ Multiplique esa cantidad por 0.05 _____(DD) x 0.05
Otros seguros	$_____		
	$_____		Coloque debajo el resultado... (Esta es la cantidad de dinero que debería estar pagando como máximo en seguros).
	$_____		
	$_____		
	$_____		
	$_____		
	$_____		
	$_____		
	$_____		
	$_____		
	$_____		
	$_____		
	$_____		
	$_____		
	$_____		
	$_____		
Sume todas las cantidades. Estos son sus pagos mensuales en seguros.			

Gastos varios. Los gastos varios son como un barril sin fondo: allí se va toda la cantidad de dinero que le pongamos. Nosotros recomendamos que no más de 4 ó 5% del DD vayan en esta categoría de gastos.

¿Qué son gastos varios? Son suscripciones a diarios, a revistas, cosméticos para la señora, gastos de peluquería, lavandería, tintorería, comidas en el trabajo, barbería para los varones, cuotas de clubes, entretenimiento individual, gastos de cumpleaños (¿se ha dado cuenta de que todos los meses hay alguien que cumple años en la familia?), aniversarios, regalos de Navidad, etcétera.

Algunos de nosotros estamos ayudando a nuestros padres, a miembros de nuestra familia regularmente. Lo podríamos colocar allí, en la categoría de los gastos varios. Algunos vivimos en Estados Unidos y estamos mandando dinero al exterior. Si quiere, puede colocar esa cantidad en esta categoría.

Colocamos en gastos varios el dinero en efectivo que gastamos en dulces o en darnos un gusto de vez en cuando. Incluya, básicamente, cualquier gasto que no hemos considerado anteriormente.

El control de nuestros gastos varios es crítico para poder llegar a fin de mes. Una vez que los gastos fijos como la vivienda, los seguros, el transporte, los ahorros y los pagos de deudas están dentro de los límites del presupuesto, no hay mucho de qué preocuparse. Si están dentro de esos límites, allí se van a quedar (porque son «fijos»).

No ocurre lo mismo con los gastos misceláneos. Esos gastos son extremadamente variables y nos resulta muy difícil controlarlos. Por eso debemos ver (con la cajita de zapatos) cómo se nos va el dinero en estos gastos y colocarles un «tope». A partir de hoy usted se va a asignar una cierta cantidad de dinero para gastar en gastos varios, y cuando se le acabe ese dinero, debe hacer el profundo compromiso de dejar de gastar.

Esa será la única forma de controlar su presupuesto y los gastos que tiene. Si no lo hace, nunca llegará a fin de mes.

GASTOS VARIOS			*Consejo Amigo...*
Diarios	$_____	Coloque aquí todos los gastos. Incluya los regalos de cumpleaños de la familia, aniversarios y regalos de Navidad.	¿Cuál es su Dinero Disponible?
Revistas	$_____		
Suscripciones	$_____		DD=_____
Cosméticos	$_____		Multiplique esa cantidad por 0.04
Peluquería	$_____		_____ (DD) x 0.04
Lavandería	$_____		
Tintorería	$_____		Coloque debajo el resultado... (Esta es la cantidad de dinero que debería estar gastando en gastos varios como máximo).
Almuerzos	$_____		
Cuotas a clubes	$_____		
Entretenimiento individual	$_____		
Cumpleaños	$_____		
Aniversarios	$_____		
Navidad	$_____		
Ayuda a padres	$_____		
Ayuda a familia	$_____		
Envíos al exterior	$_____		
Otros	$_____		
	$_____		
Sume todas las cantidades. Este es el total de gastos varios que tiene cada mes.			

Hasta aquí nuestro presupuesto llega a 100% del Dinero Disponible:

Transporte 15%

Vivienda 38%

Alimentos 15%

Ahorros 5%

Deudas 5%

Recreación 4%

Vestimenta 4%

Salud 5%

Seguros 5%

Gastos Varios 4%

Total gastos 100%

Sin embargo, hemos encontrado que en diferentes países existen diferentes necesidades, especialmente en el aspecto educacional. Por eso hemos agregado un par de categorías más y hemos abierto la oportunidad para que se sumen nuevas categorías en caso de ser necesario.

Entonces, al agregar estas categorías extra, se debe recordar que, en caso de usarse alguna de ellas, las que ya hemos mencionado deberían reducirse para que todavía los gastos nos puedan dar 100% de nuestro Dinero Disponible.

Por ejemplo: si está enviando a su hijo a una escuela privada que toma 5% de su DD, deberá disminuir los porcentajes de otras categorías tales como gastos médicos, deudas o transporte, para poder lograr mantener sus gastos dentro de 100% de su Dinero Disponible.

Aquí están, pues, las categorías «extra»:

Cuidado de los niños. Muchas veces el esposo y la esposa trabajan y pagan a alguien que les cuide a los niños. Puede anotar dentro de esta categoría la cantidad de dinero que gasta mensualmente en el cuidado de sus hijos e hijas.

Educación. Otro gasto es el de la educación privada (incluyendo clases de música, instrumentos, gimnasia, etcétera.). Coloque en esta categoría todos los gastos de educación de sus hijos tanto dentro como fuera del ámbito escolar.

Otros gastos. Si tiene algún otro gasto que no hemos cubierto en este presupuesto familiar, este será el lugar para incluirlo.

Categorías extra			*Consejo Amigo...*
Cuidado de niños	$____	Incluya aquí todos los otros gastos que no hemos cubierto con nuestro presupuesto original.	Recuerde disminuir el porcentaje de gastos de otras categorías del presupuesto principal para que, al agregar este nuevo gasto, la suma le dé todavía 100% de su Dinero Disponible.
Educación privada	$____		
Piano	$____		
Música	$____		
Gimnasia	$____		
Idiomas	$____		
Otros gastos	$____		
	$____		
	$____		
	$____		
	$____		
Repita aquí la cantidad que está gastando en otras categorías no contempladas en el presupuesto original.			

Ahora sume todas las categorías, todos los totales de todas las categorías. Eso le va a dar sus gastos totales de la familia. Lo que tenemos que hacer ahora, por un lado es tomar el DD (Dinero Disponible), restarle la categoría de los gastos, y eso nos va a dar el total de DD menos gastos. Esa es la cantidad con la que se está quedando en el bolsillo al final de cada mes.

Cantidad de gastos:

Vivienda _____
Transporte: _____
Comida: _____
Deudas: _____
Entretenimiento: _____
Vestimenta: _____
Ahorros: _____
Gastos Médicos: _____
Seguros: _____

OtrosGastos: _____

Total de gastos: _____

Ahora simplemente debemos hacer una resta:

Dinero Disponible: _____
(menos)
Total gastos: _____

Este es el dinero que queda: _____
(¿positivo?/¿negativo?)

¿Le da positivo o negativo? Si es un número negativo, va a tener que hacer algún tipo de arreglo porque obviamente está gastando más de lo que gana.

Si le da positivo, ¡Felicitaciones! Lo único que tiene que hacer ahora es ajustar su presupuesto poniéndose de acuerdo con su cónyuge (si lo tiene) para «pactar» cuánto se va a gastar mensualmente en cada una de las categorías.

Nuevo Pacto para nuestros gastos:

Vivienda: _____
Transporte: _____
Comida: _____
Deudas: _____
Entretenimiento: _____
Vestimenta: _____
Ahorros: _____
Gastos Médicos: _____
Seguros: _____
Otros Gastos: ══════

Total de gastos: _____

¿Cómo se controla un presupuesto?

Ahora viene uno de los secretos más importantes: cómo controlar el presupuesto que acabamos de terminar de hacer. De nada sirve ponernos de acuerdo en cuánto vamos a gastar en cada categoría si, cuando llega la hora de la verdad, no podemos controlar nuestros gastos.

Hay varias maneras de controlar un presupuesto, a saber: a través de un sistema de planillas en el que cada categoría tiene su planilla. Cada vez que hacemos un gasto, escribimos en la planilla correspondiente el gasto realizado y llevamos la cuenta cada día de cómo estamos gastando nuestro dinero en cada categoría.

Ese es un sistema muy apropiado para gente detallista y que ama los números. En general, incluso individuos con ese tipo de personalidad están migrando rápidamente hacia la segunda manera de controlar el presupuesto: por computadora.

Existen en el mercado un número importante de programas de computadora, tanto en inglés como en español, para el

manejo de las finanzas a nivel individual, familiar y de negocios. Nosotros usamos uno en nuestro hogar desde comienzos
de la década de los 90. Nos ha dado un excelente resultado y, si
usted tiene acceso a una computadora, le recomiendo que invierta unos pesos en comprarse un programa de manejo financiero que le permitirá tener información detallada sobre su pa-
trón de gastos.

El tercer sistema, que también usamos en casa desde comienzos de los 90 y que usted puede usar en su casa sin necesidad de planillas ni computadoras, es el sistema de manejo de
presupuesto por sobres. Realmente da resultados positivos.

Nosotros usamos la computadora para obtener información, pero usamos los sobres para controlar la forma en que gastamos nuestro dinero.

Nuestro sistema obra de la siguiente forma: lo primero
que debe hacer es ponerse de acuerdo en cuánto va a gastar cada
mes en cada categoría. Copie los números de la página anterior:

Nuevo Pacto para nuestros gastos:

Vivienda: _____
Transporte: _____
Comida: _____
Deudas: _____
Entretenimiento: _____
Vestimenta: _____
Ahorros: _____
Gastos Médicos: _____
Seguros: _____
Otros Gastos: _____

Total de gastos: _____

Ahora usted decidirá cuáles de esas categorías va a manejar
con dinero en efectivo. Por ejemplo: comida, entretenimiento,
gastos varios, transporte (para gasolina), etcétera.

El tercer paso es dividir esos gastos mensuales en cuatro, y declarar cuatro «Días de Cobro Familiar ». ¡Cuidado! No le estoy recomendando que divida el mes en cuatro semanas sino en cuatro «Días de Cobro...». La razón es que de vez en cuando va a tener cinco semanas en un mes, y una de las razones por las que está armando un presupuesto es para proveer cierta consistencia a sus gastos. La quinta semana hace que su presupuesto sea inconsistente.

Olvídese entonces de las semanas del mes y de las fechas cuando cobra su salario. Cuando usted cobra, simplemente asegúrese de que el dinero va a su cuenta de banco o a un lugar central de donde sacará el dinero para gastarlo más adelante.

Simplemente establezca el 1, el 8, el 16 y el 24 como aquellos días en los que irá al banco (o a su colchón familiar) para retirar el dinero en efectivo que necesitarán para los próximos 7 u 8 días.

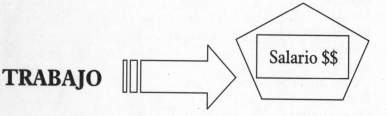

Cuenta de banco o colchón

Días de cobro familiar:	1	8	16	24
Categorías				
Comida				
Vestimenta				
Recreación				
Transporte				
Gastos Varios				

No se preocupe de los otros gastos (alquiler, gas, luz, pagos del auto...). Si armó correctamente su presupuesto familiar o personal de acuerdo con los parámetros que le hemos sugerido, esa parte del presupuesto «se cuida sola». La razón es que esos gastos son casi «fijos», y la mayor cantidad de dinero que desperdiciamos se nos va a través de nuestros gastos variables y del dinero en efectivo que tenemos en el bolsillo.

Debe decidir entonces: ¿Cuánto vamos a gastar de comida? Si decidimos que vamos a gastar $400 de comida por mes, eso quiere decir que vamos a tomar $100 cada «día de cobro familiar» para comer por los próximos 7 a 8 días. Ese debe ser un compromiso firme de nuestra parte.

Si vamos a separar unos $80 por mes para la vestimenta de la familia, cada día de cobro retiraremos $20.

Si vamos a gastar $100 en entretenernos, retiraremos $25 cada día de cobro familiar.

Días de cobro familiar:	1	8	16	24
Categorías				
Comida	100	100	100	100
Vestimenta	20	20	20	20
Recreación	25	25	25	25

Transporte				
Gastos Varios				

¿Se da cuenta de que aquí no importa si usted cobra semanal, quincenal o mensualmente? Lo único que importa es que retire del banco la cantidad que ha presupuestado para vivir por los próximos 7 u 8 días. Lo único por lo que se debe preocupar es de no sacar más dinero del que se ha prometido gastar. El resto del presupuesto se cuida solo.

Supóngase, entonces, que también decide que necesita unos $160 por mes para gastos de transportación y unos 200 para gastos varios. Así quedará su cuadro de retiro de dinero:

Días de cobro familiar:	1	8	16	24
Categorías				
Comida	100	100	100	100
Vestimenta	20	20	20	20
Recreación	25	25	25	25
Transporte	40	40	40	40
Gastos Varios	50	50	50	50
Total de retiro	235	235	235	235

Eso quiere decir que cada «Día de Cobro Familiar» usted tomará $235 del banco para sus gastos en efectivo hasta el próximo «Día de Cobro».

Ahora tiene una forma de control, ahora sabe que cada 7 u 8 días va a gastar $235 en efectivo para tus gastos variables y, maravillosamente, ha convertido sus «gastos variables» en ¡gastos fijos!

Ahora está usted en control, usted controla el dinero y el dinero no le controla a usted.

Práctica. Trate de definir sus gastos en dinero en efectivo para cada «Día de Cobro».

Días de cobro familiar:	1	8	16	24
Categorías				
Total de retiro				

Finalmente, lo que debe hacer es tomar algunos sobrecitos para distribuir entre ellos el dinero en efectivo. En casa usamos el Organizador Efectivo, un sistema de sobres que creamos en Conceptos Financieros que se cierra como si fuera una billetera. Usted puede usar sobres de su casa si desea.

Entonces a uno de los sobres le denomina «donativos»; a otro, «vivienda»; a otro, «alimentación o comida»; a otro, «automóvil»; y así va teniendo un sobresito para cada categoría. Yo les recomiendo tener un Organizador Efectivo para el esposo y otro para la esposa. Pueden usar también una cajita de cartón para poner los sobres.

Entonces, cada día de pago familiar la esposa y el esposo se dividen el dinero.

—¿Cuánto vamos a gastar de comida?—

—Bueno, si dijimos que vamos a gastar $100, ponemos en el sobresito de la comida y coloquemos allí $100—.

Cuando la señora va al mercado, toma su sobre de la comida, y paga con el dinero que hay en él. El problema viene cuando se nos acaba el dinero de ese sobre ¡antes del siguiente día de pago! Por favor, ¡no deje de comer!

Hay que hacer algún arreglo allí: uno se va a ir dando cuenta de que debe aprender a manejar el dinero durante esos 7 u 8 días para que esos $100 alcancen hasta el siguiente día de pago familiar.

Lo mismo ocurre, por ejemplo, con el gasto del entretenimiento. Suponga que llega el domingo. Al salir de la iglesia o del club, su amiga Carolina le dice: —¡Vamos a comernos una pizza!—. Entonces ¿qué hace? Sencillo: Toma el sobrecito del entretenimiento y mira: «¿Tengo o no tengo dinero para ir a comer una pizza?».

Si no tiene dinero, le dice a su amiga: —¿Sabes? Va a tener que ser la semana que viene porque me he gastado todo el dinero del entretenimiento para esta semana—. Quizá, entonces Carolina le diga: —No te preocupes, yo pago—. Luego, muy amablemente, usted le dice: —¡Ningún problema!—.

¡Esa es la diferencia entre los que tenemos un presupuesto y los que no!

Lo mismo debe ocurrir con los gastos misceláneos. Una vez que se le acabaron los «gastos varios» de la semana, no va a poder ir a cortarse el cabello o arreglarse las uñas hasta la semana siguiente. ¿Por qué? Porque ya se le acabaron los gastos misceláneos y se ha comprometido a esperar hasta el próximo día de cobro familiar.

Quizá va a tener que suspender una subscripción a algún diario o revista porque ha gastado demasiado este mes en esa categoría. Quizás alguna otra cosa tenga que sufrir las consecuencias de una mala administración durante las semanas anteriores.

El asunto, ahora, es estar totalmente comprometido a cumplir con la palabra empeñada.

Muy bien. Ahora tiene un presupuesto personal o familiar y también tiene una forma concreta y práctica de controlarlo.

El primer «Ingrediente del Éxito» está en sus manos. No se desanime, usted puede tomar control de sus finanzas. No se deje desanimar por aquellos que le dicen que no lo va a poder hacer. Estaba leyendo *Irrefrenables*, de Cynthia Kersey, y me llamó la atención una serie se citas que tiene con respecto a esa idea. Me gustaría dejarle saber algunas:[5]

Henry Ford siempre decía: «Estoy buscando hombres que tengan una capacidad infinita para no saber lo que no se puede hacer». Todo el mundo sabe lo que no se puede hacer, pero son solo aquellos que no quieren saber lo que no se puede hacer ¡los que finalmente logran lo imposible!

«¿Cuánto tiempo más te vas a estar entrenando en ese gimnasio y viviendo en el mundo de los sueños?» le decían sus familiares a Arnold Schwarzenegger, tratándolo de convencer para que encontrara un trabajo «respetable» sin entender su deseo de llegar a ser Mr. Universo.

«Liquida tu negocio ahora mismo y recupera lo que puedas de tu dinero. Si no lo haces, terminarás sin un centavo en el bolsillo» le dijo su abogado a la ahora famosísima multimillonaria Mary Kay Ash, apenas unas semanas antes de que abriera su primer negocio de cosméticos.

«Tienes una linda voz, pero no es nada especial» le dijo una profesora mientras rechazaba a la jovencita Diana Ross (ahora una cantante mundialmente conocida), quien aspiraba a una participación en un programa musical de su escuela.

«Una cadena mundial de noticias nunca va a dar resultado» es lo que le dijeron a Ted Turner los «expertos» cuando presentó por primera vez su idea de crear CNN.

[5] Cynthia Kersey. Unstoppable. Sourcebooks, Inc. Páginas 139-143

¿Quién le está diciendo que no puede armar y manejar un presupuesto? ¿quizá su propia familia?, ¿sus amigos? Usted puede si quiere.

El futuro está en sus manos.

¿Cómo llegamos a la prosperidad integral?

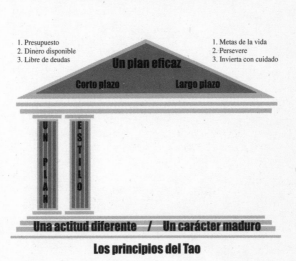

1. Presupuesto
2. Dinero disponible
3. Libre de deudas

1. Metas de la vida
2. Persevere
3. Invierta con cuidado

Un plan eficaz

Corto plazo   Largo plazo

UN PLAN   ESTILO

Una actitud diferente / Un carácter maduro

Los principios del Tao

Ingredientes del éxito
Establezca metas para su estilo de vida

ESTABLEZCA UN ESTILO
DE VIDA RAZONABLE

El segundo ingrediente para lograr la prosperidad integral es establecernos un estilo de vida que cuadre dentro de nuestras capacidades económicas. No importa si gana $100, $1.000 ó $10.000 al mes, usted necesita aprender a establecer metas económicas razonables que luego pueda balancear con el resto de su vida.

El proceso para hacerlo ya lo hemos visto anteriormente cuando hablamos de los planes que debemos hacer a largo plazo. Escriba a continuación la lista que hizo, ya sea solo o con su cónyuge. Le voy a repetir algunas metas que la gente menciona cuando enseño mis conferencias:

Casa propia
Auto (s)
Negocio propio
Educación de los hijos

      Educación propia
      Cobertura médica y de salud
      Jubilación
      Viajes
      Vacaciones regulares
      Casa de veraneo en el mar
      Bote para pescar

Ahora escriba las metas que se ha colocado en la vida. Cuánto es suficiente para usted, su esposa y sus hijos, si los tiene. Incluya metas de crecimiento personal, emocional y espiritual, si quiere.

_____

_____

_____

_____

_____

_____

_____

_____

_____

Dos cosas entonces:

1. Establezca sus metas (¿cuánto es suficiente?)
2. Balancee su éxito financiero con el resto de su vida.

Charles Francis Adams, un famoso político del siglo diecinueve, mantenía un diario personal donde escribía las cosas que le pasaban. Un día escribió: «Hoy fui a pescar con mi hijo. He desperdiciado un día». Su hijo, Brook Adams, también tenía un diario personal, que aún en el día de hoy está disponible para su lectura. El joven Brook escribió ese mismo día: «Fui a pescar con mi padre, ¡fue el mejor día de mi vida!»

El padre pensó que estaba perdiendo el tiempo yendo a pescar con su hijo mientras que su hijo pensó que estaba invirtiendo su tiempo magníficamente. La única manera de saber la diferencia entre el derroche y la inversión es tener en claro las metas personales en la vida y comparar con esas metas la forma en que estamos invirtiendo nuestro tiempo, nuestros talentos y nuestros tesoros.[1]

Una palabra con respecto a la riqueza

No todo lo que brilla es oro y la riqueza no es lo que aparenta ser. Hay un libro muy interesante sobre el asunto, se llama *El millonario de al lado*[2] de Thomas J. Stanley y William D. Danko. Es uno de los libros más vendidos del mundo y una ventana a la vida de los millonarios de Estados Unidos.

Stanley y Danko dedicaron años de trabajo e investigación a estudiar el comportamiento de los millonarios en Norteamérica. Me gustaría dejarle saber algunas cosas interesantísimas que descubrieron.

Una de las revelaciones que los autores hacen, por ejemplo, es que en Estados Unidos mucha gente que vive en casas costosas y manejan automóviles de lujo, no tienen, en realidad, mucha riqueza. Mucha gente que tiene una gran cantidad de riqueza no vive en los barrios más suntuosos del país.[3]

La mayoría de la gente se confunde cuando piensa sobre el concepto de la riqueza. Riqueza no es lo mismo que entradas de dinero. Uno puede tener un salario altísimo y no ser rico. Puede ser que simplemente uno esté gastando todo lo que recibe en

---

[1]   Sills Shotwell, in Sept, 1987 Homemade.

[2]   Thomas J. Stanley y William D. Danko. The Millionaire Next Door, The Surprising Secrets of America's Wealthy. New York: Pocket Books, 1996, 257 pp.

[3]   Idem página 1

una vida de alto vuelo. La riqueza, sin embargo, tiene que ver con lo que usted acumula, no con lo que gasta.[4]

¿Cuál es el secreto para acumular riquezas? Raramente se trata de tener suerte, recibir una herencia, de tener un título universitario o aun de poseer un alto nivel de inteligencia. La riqueza, dicen Stanley y Danko, en la mayoría de los casos tiene que ver con un estilo de vida de trabajo duro, perseverancia, planeamiento, y sobre todo, de disciplina personal.[5]

En Estados Unidos solamente tres millones y medio de hogares (3.5% de los hogares del país), tienen un balance de más de un millón de dólares entre su activo y su pasivo. La mayoría de esa gente viven gastando menos de lo que ganan, visten trajes baratos, manejan autos nacionales (la mayoría nunca ha pagado más de $30.000 por un automóvil en su vida), e invierten entre 15 y 20% de sus ingresos.[6]

¿Por qué razón, proporcionalmente, tan poca gente es realmente afluente en Estados Unidos? Stanley y Danko dicen que a pesar de estar ganando más de $10.000 por mes, la mayoría de esos hogares no son realmente ricos. La razón es que tienen una tendencia a caer en deudas y a consumir insaciablemente. Esas familias creen que si no demuestran tener posesiones materiales en abundancia, no tienen éxito....[7]

Entonces, como puede ver, la vida de un millonario en Estados Unidos no es tan encantadora como nos la presentan en televisión o en las películas. Dicen los investigadores del libro *El millonario de al lado* que las tres palabras que presentarían un perfil apropiado de los ricos del país del norte es: frugal, frugal y frugal.[8]

No es que sean avaros, sino que odian el derroche. Puede ser que para el cumpleaños de la esposa le compren un tapado de visón (una buena inversión y una demostración de amor).

[4] Idem página 1.
[5] Idem página 2.
[6] Idem páginas 9, 10 y 12.
[7] Idem página 36.
[8] Idem página 28.

¡Pero se enojarían si se dieran cuenta de que la luz del baño ha quedado encendida sin razón durante toda la noche!

Una palabra final

Para concluir, si quiere disfrutar de la prosperidad integral, debe tener metas concretas tanto en el ámbito económico como en el familiar, emocional, espiritual y personal. Esta suma de metas múltiples probablemente no le lleven tan alto en lo económico como iría si sacrifica a la familia, a su persona o sus relaciones en el proceso. Sin embargo, le traerán un más alto nivel de satisfacción personal y, al final de cuentas, no estará viviendo un estilo de vida más sencillo que el estilo que han elegido la mayoría de la gente realmente rica en Norteamérica.

Para poner en práctica

A. Escriba una lista de las cinco cosas más importantes en su vida.

1. _____

2. _____

3. _____

4. _____

5. _____

B. Ahora escriba, a grandes rasgos, cómo invierte su tiempo durante la semana (de mayor a menor cantidad de horas):

Por ejemplo:

Actividad	Cantidad de horas por semana
Dormir	56
Trabajar	50
Comer	24
Viajar al trabajo	12
Aseo personal	9
Mirar la televisión	6

Ahora es su turno:

Actividad	Cantidad de horas por semana

C. Finalmente compare las cosas que son más importantes en su vida con la forma en que está invirtiendo su tiempo. ¿Está invirtiendo su tiempo y su esfuerzo en las cosas que realmente considera importantes? ¿Qué podría hacer, realmente para mejorar esa situación?

¿Cómo llegamos a la prosperidad integral?

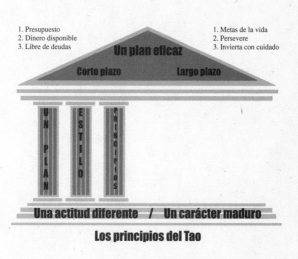

1. Presupuesto
2. Dinero disponible
3. Libre de deudas

1. Metas de la vida
2. Persevere
3. Invierta con cuidado

Un plan eficaz

Corto plazo   Largo plazo

U N   P L A N
E S T I L O
P R I N C I P I O S

Una actitud diferente   /   Un carácter maduro

Los principios del Tao

Ingredientes del éxito
Sea fiel a sus principios

Los Angeles Public Library
Sylmar Branch Library
4/13/2015 3:20:08 PM

- PATRON RECEIPT -
- CHARGES -

1: Item Number: 37244197407068
  Title: Como llego a fin de mes?
  Due Date: 5/4/2015

2: Item Number: 37244209309062
  Title: SYLMAR PAPERBACK #1
  Due Date: 5/4/2015

3: Item Number: 37244209309138
  Title: SYLMAR PAPERBACK #1
  Due Date: 5/4/2015

To Renew: www.lapl.org or 888-577-5275

------- Please Keep this Slip -------

◆ *Ingredientes del éxito* ◆

SEA FIEL A SUS PRINCIPIOS HASTA LAS ÚLTIMAS CONSECUENCIAS

«Nunca... nunca... ¡nunca se den por vencidos!»
Winston Churchill

El primer ministro británico pronunció ese discurso en medio de una situación casi insostenible: el ataque nazi desde el continente europeo a la isla de Gran Bretaña durante la Segunda Guerra Mundial. Puede ser que en un principio algunos se hayan preguntado por qué desangrarse como nación y perder tantas vidas oponiéndose al nazismo.

Pero Churchill tenía una clara imagen del bien y del mal. Para él Adolfo Hitler representaba todo el mal que podía haber en la humanidad. Su tenacidad y apego a sus más profundos principios morales, a pesar de las críticas y los reveses políticos y militares, fue lo que finalmente salvó a Europa.

Al principio de este libro le he dado los «Secretos para Ganar»: Una actitud diferente y un carácter maduro.

Yo creo firmemente que los principios y valores que le he dado a conocer son esenciales para la prosperidad integral. Comprométase con ellos de todo corazón, con toda su alma y con todas sus fuerzas. Ellos traerán felicidad a su vida:

1. Considérese un administrador
2. Aprenda el arte del contentamiento
3. Ejercite la perseverancia
4. Ahorre con regularidad
5. Comprométase con la verdad
6. Desarrolle un espíritu de integridad y honradez
7. Ame «a pesar de...»
8. Comience a sentir compasión por los que le rodean
9. Ponga en práctica el dominio propio

En su momento oportuno estos principios y valores comenzarán a actuar a su favor. Con una meta clara (cuánto es suficiente) y un plan apropiado para manejar sus ingresos (un presupuesto), podrá disfrutar libremente de la prosperidad integral de la que hemos estado hablando.

Edward Bok cuenta la historia de dos jóvenes que estaban estudiando en Leland Stanford University [la Universidad de Leland Stanford]. Llegó un día en que los jóvenes se vieron en serios problemas para pagar sus gastos de estudios y de supervivencia. Fue cuando uno de ellos sugirió que se tratara de organizar un concierto con el conocido pianista Paderewski. Las ganancias podrían ayudarles a pagar sus gastos de vivienda, comida y estudios.

Cuando contactaron al administrador del pianista, este les requirió una garantía mínima de $2.000 (una importante suma de dinero para esa época). Los estudiantes, sin dudarlo por un segundo, se abocaron a la tarea de preparar el concierto. Trabajaron arduamente, pero a pesar de ello, el concierto solamente produjo una ganancia de $1.600.

Los jóvenes entonces fueron a ver al gran artista después de la presentación y le contaron lo que había ocurrido. Le dieron los $1.600 y un pagaré firmado por los otros $400. Le indicaron al famoso pianista que, ni bien tuvieran el dinero, le harían ese pago. «No, dijo Paderewski, eso no va a dar resultado». Entonces, rompiendo el pagaré en mil pedazos, les devolvió el dinero diciéndoles: «Ahora tomen este dinero, paguen todos sus gastos, guárdense 10% del resto cada uno por el trabajo realizado, y denme lo que quede».

Los años pasaron (años de fortuna y destino) y Paderewski se convirtió en el Primer Ministro polaco. La gran guerra llegó a Polonia, y Paderewski se preguntaba cómo haría para alimentar a su hambrienta nación. En ese momento de la historia había un solo hombre en todo el mundo que podía ayudar a Paderewski y a su gente. Y así fue: miles de toneladas de alimentos comenzaron a llegar a Polonia para ser distribuidas por el Primer Ministro polaco.

Luego de que su hambrienta nación fue alimentada, Paderewski viajó a París para agradecerle al presidente norteamericano Herbert Hoover por el auxilio enviado. «No fue nada, Sr. Paderewski, contestó el presidente Hoover. Además, seguramente no se acuerda, pero siendo estudiante universitario, usted fue quien me ayudó primero cuando en esa oportunidad era *yo* quien estaba hundido en el pozo de la necesidad».

La vida es larga y uno nunca sabe «por dónde salta la liebre», dirían en mi país. Uno nunca sabe cómo el vivir nuestros principios va a afectar nuestro futuro.

«Mantente fiel hasta la muerte —dijo Jesucristo—, y te daré la corona de la vida».

¿Cómo llegamos a la prosperidad integral?

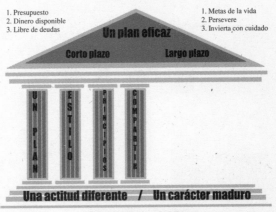

1. Presupuesto
2. Dinero disponible
3. Libre de deudas

1. Metas de la vida
2. Persevere
3. Invierta con cuidado

Un plan eficaz

Corto plazo   Largo plazo

UN PLAN   ESTILO   PRINCIPIOS   COMPARTIR

Una actitud diferente / Un carácter maduro

Los principios del Tao

Ingredientes del éxito
Aprenda a compartir

◆ *Ingredientes del éxito* ◆

APRENDA A COMPARTIR

«Cualquier cosa que se da debería ser dada con fe, con gozo, modestia, temor y bondad».[1]

Quisiera pedirle permiso para enfrentar esta sección desde un punto de vista muy particular: el de nuestro trasfondo religioso. Como la gran mayoría de nuestra gente latinoamericana nos proclamamos «cristianos», quisiera rogarle, si no le molesta, afrontar el concepto de dar, desde nuestra tradición judaica y cristiana.

Si no le interesa el tema, le doy permiso para que pueda saltar directamente al siguiente «ingrediente»: el de pagar los préstamos y las deudas. Si se queda, es usted bienvenido y aquí vamos...

Yo creo firmemente que una de las principales razones por las que Dios nos va a permitir disfrutar de prosperidad es para poder compartirla. Voy a tomar como ejemplo a la comunidad judeocristiana que vivía en la ciudad de Corinto, Grecia, a

---

[1]   Hinduismo. Taittiriya Upanishad 1.11.3

principios del primer milenio, porque creo que su situación
económico-social dentro del Imperio Romano tiene mucho paralelismo con nuestra situación actual dentro del proceso de
globalización que estamos viviendo. San Pablo, que estaba justamente en el proceso de levantar una ofrenda de amor para los
pobres de Jerusalén, les enseña:

> Dios puede darles a ustedes con abundancia toda clase de ben-
> diciones, para que tengan siempre todo lo necesario y además
> les sobre para ayudar en toda clase de buenas obras.... Dios,
> que da la semilla que se siembra y el alimento que se come, les
> dará a ustedes todo lo necesario para su siembra, y la hará cre-
> cer, y hará que la generosidad de ustedes produzca una gran
> cosecha. Así tendrán ustedes toda clase de riquezas y podrán
> dar generosamente.[2]

Dentro de las tradiciones judía, cristiana y de las otras
principales religiones del mundo existe un énfasis vigoroso en
la enseñanza con respecto al compartir con aquellos que tienen
necesidad. Compartir con los demás es un Principio del Tao
—fundamental para desarrollar la actitud correcta frente a la
vida.

San Pablo, en otra carta, le escribe a su discípulo Timoteo:

> A los que tienen riquezas..., mándales que no sean orgullosos
> ni pongan su esperanza en sus riquezas, porque las riquezas no
> son seguras. Antes bien, que pongan su esperanza en Dios, el
> cual nos da todas las cosas con abundancia, y para nuestro pro-
> vecho. Mándales que hagan el bien, que se hagan ricos en bue-
> nas obras y que estén dispuestos a dar y compartir lo que tie-
> nen.[3]

---

[2]   Segunda carta de San Pablo a los Corintios, capítulo 9, versos 8,10
      y 11a. Version Popular.
[3]   Primera carta de San Pablo a Timoteo. Capítulo 6, versos 17 y 18.
      Versión Popular.

Por eso la tradición cristiana de occidente ha generado una innumerable cantidad de organizaciones de beneficencia que nos han conmocionado socialmente a través de los siglos. Podríamos mencionar, entre ellos, hospitales, escuelas, orfanatorios, hogares de niños, leproserías y universidades como las de Yale, Harvard, Loyola o Princeton.

También podríamos mencionar organizaciones internacionales como la Cruz Roja, Cáritas, el Ejército de Salvación, World Relief [Auxilio Mundial], World Vision [Visión Mundial] y Habitat for Humanity [Hábitat para la Humanidad] ,la empresa constructora de casas más grande del mundo que provee vivienda digna a la gente de bajos recursos. No seguiré mencionando nombres porque ¡me voy a meter en problemas! ¡Hay tantas y tan buenas organizaciones que nacieron de nuestras raíces religiosas y cristianas...!

Cualquiera que sea su posición religiosa, creo que es importantísimo que aprendamos a compartir de nuestras bendiciones. Si no lo hacemos, morimos un poco como personas. Hemos sido diseñados para compartir lo poco o lo mucho que tengamos, las alegrías y las tristezas. El egoísmo o la avaricia no nos caen muy bien al espíritu.

Esa es una de las razones, por ejemplo, por las que el Mar Muerto (en Israel) está literalmente muerto. El Mar Muerto se encuentra a 398 metros debajo del nivel del mar, y el río Jordán entrega a este mar más de 6 millones de metros cúbicos de agua por día. Sin embargo, el Mar Muerto tiene un problema: solamente recibe agua, nunca la da. El agua entonces se estanca, y con la evaporación que produce el sol del desierto, la concentración de sal aumenta.

La concentración normal de sal en el océano es de 2 a 3%, mientras que la concentración de sal en el Mar Muerto es de 24 a 26%, además del magnesio y el calcio. No hay vida que aguante ese potaje químico.

El Mar Muerto, con sus mil kilómetros cuadrados de superficie, es grande, rico en minerales, y probablemente el mar más conocido del mundo. Sin embargo, ha perdido la vida. Está vacío en su interior. La experiencia del Mar Muerto nos enseña entonces que el dar, luego de recibir, es un proceso vital necesario que permite mantener la frescura de nuestro corazón.

Existen varios principios que creo importantes para tener en cuenta al momento de dar y me gustaría dárselos a conocer:

El cristiano da, primordialmente, para honrar a Dios.

La costumbre de dar a Dios y a sus sacerdotes viene desde épocas antiquísimas. En el caso del judaísmo y del cristianismo vienen, por lo menos desde la época del famoso Abraham y Melquisedec (hace unos 4.000 años atrás).[4]

Es interesante notar que el «diezmo» (dar la décima parte de algo) precede a la Ley Mosaica. El diezmo, entonces, es adoptado por el cristianismo bajo la «época de la gracia» porque no se instauró con el fin de salvar al hombre, sino porque muestra, básicamente, una actitud del corazón.

El famoso rey Salomón dice en uno de sus proverbios: «Honra al Señor con tus riquezas y con los primeros frutos de tus cosechas».[5] Notemos que la primera palabra (un verbo imperativo, una orden) es «honra».

El motivo principal del cristiano para traer dinero a la iglesia, entonces, es una actitud interior: humillarse internamente al reconocer que de Dios nos vienen todas las cosas, y reconocerle a Él como el dueño de todas sus posesiones.

El cristiano da sin esperar nada a cambio

Está en el mismo espíritu del dar, el dar por amor, no por interés. San Pablo explica esta actitud cuando les escribe a los romanos y a los corintios.[6] El cristiano da a Dios como un hijo da un regalo a su padre.

---

[4]   Libro del Génesis. Capítulo 14, versos 17 al 20.
[5]   Rey Salomón. Libro de los Proverbios, capítulo 3, verso 9. Versión Dios Habla Hoy.
[6]   San Pablo. Carta a los Romanos, capítulo 11, versos 34 al 36 y Primera Carta a los Corintios, capítulo 13

Aquí va una interesante pregunta: Como padres, cuando nuestro hijo o nuestra hija nos da un abrazo y un beso, cómo queremos que nos lo dé, ¿por amor, o porque quiere «sacarle algo al viejo»?

Seguramente que queremos que nos lo dé por amor.

La idea de un hijo o una hija que se acerca a su padre porque quiere sacarle algo no es muy positiva en Latinoamérica. En realidad, el concepto del hijo que demuestra cariño a su padre porque tiene otros «intereses» en mente, es una idea un tanto repugnante para muchos de nosotros.

Lo que yo me pregunto es: ¿Por qué le estamos enseñando a hacer justamente eso a nuestra gente? ¿Por qué escuchamos a tantos predicadores por televisión y por radio enseñarles a los cristianos a que le den su ofrenda a Dios para que Dios les dé a ellos diez veces más?

En mi humilde opinión, nosotros deberíamos estar enseñando a nuestra gente a dar por amor, no por interés. Cuando yo le enseño a alguien a dar por interés, recibo buenos resultados inmediatos. La razón es que comienzo a mover una parte oscura del espíritu humano: la codicia.

El problema es que esa enseñanza se convierte en un bumerán que vuelve para golpearnos. Cuando la gente que da $100 no recibe 10 veces más, comienza a dudar. Los predicadores del materialismo religioso, contestan que el problema es que el donante debe esperar un poco más de tiempo, o que el donante no tiene suficiente fe o no ha dado lo suficiente.

Entonces, ¿qué me está diciendo este tipo de enseñanza? Me está diciendo que el problema no está en una enseñanza distorsionada y semiherética. ¡El problema está con el feligrés que ha dado hasta lo que no tenía!

Esto es lo que más me duele: que generalmente la gente que cae en esas trampas religiosas son la gente que más quiere agradar a Dios.

Es cierto que la Biblia promete que Dios abrirá las ventanas de los cielos para bendecirnos cuando nosotros le honramos con los primeros frutos de nuestra labor. Es una verdad eterna.

Pero volviendo al tema de nuestros hijos, mis hijas no tienen idea de las bendiciones económicas que mi esposa y yo tenemos guardadas para ellas, todavía son demasiado pequeñas para entender cosas como fondos mutuos, planes de retiro o fondos para la universidad. Nosotros tenemos tesoros guardados para ellas que ni se imaginan.

Sin embargo, cuando ellas me dan un beso y me dan un abrazo, yo *todavía* quiero que me lo den por *amor*, no por el interés en los tesoros que les tenemos guardados para el futuro.

De la misma manera, usted y yo no tenemos idea de las bendiciones que Dios tiene guardadas para usted y para mí en el futuro (algunas materiales, algunas emocionales, algunas espirituales). Sin embargo, cuando nosotros traemos nuestros diezmos y ofrendas delante de Él, quiere que se las traigamos, no por el interés en esas bendiciones, sino simplemente por *amor*.

Se le preguntó una vez al Rabino Meir: «¿Por qué las Escrituras nos dicen en algunos pasajes que nuestros sacrificios son agradables al Señor mientras que en otros dice que Dios no se agrada en nuestros sacrificios?» El rabino contestó: «Todo depende de si al momento de presentar el hombre su sacrificio, incluyó en ese sacrificio también su corazón».[7]

El cristiano da voluntariamente

Si bien es costumbre en muchas religiones del mundo el especificar cuál es el tipo de ofrenda que se debe traer delante de Dios, no ocurre lo mismo con el cristianismo. Por lo menos, no debería ocurrir así.

La enseñanza clave la ofrece nuevamente San Pablo cuando les dice a los corintios: «Cada uno debe dar según lo que haya decidido en su corazón, y no de mala gana o a la fuerza porque Dios ama al que da con alegría».[8]

---

[7] De la tradición religiosa del judaísmo. Midrash, Baraita Kallah 8
[8] Segunda carta de San Pablo a los Corintios, capítulo 9, verso 7. Version Popular.

El cristiano toma el concepto del diezmo del judaísmo pero no lo ve como una regla, una ley o una meta que cumplir. Lo ve como un comienzo, como un mínimo sobre el cual construir una vida de entrega a Dios y a los demás.

En el libro apócrifo de Eclesiástico se dice: «Da al Altísimo como Él te ha dado a ti, con generosidad, de acuerdo con tus capacidades».[9]

El cristiano da generosa y sacrificialmente

Cuando Jesús apuntó con el dedo a alguien para ponerle como ejemplo en el arte de dar, señaló, increíblemente, a una viuda que había colocado solamente un par de centavos en el lugar de las ofrendas a la entrada del templo. Hay una razón muy particular por la cual esta viuda fue señalada por el Maestro e incorporada eternamente en las páginas de las Escrituras: ella dio todo lo que tenía.[10]

La viuda en cuestión tenía todas las excusas del mundo para sentarse a la puerta del templo, extender su mano y pedir. Ella era una «madre soltera»; era pobre, era un cero a la izquierda en la sociedad judaica (en cuanto a derechos y posición social, no era lo mismo ser un viudo que ser una viuda en esa época); la Ley le permitía recibir ayuda por ser viuda y pobre.... Sin embargo, esta mujer, en vez de extender su mano para pedir, extendió su mano para dar.

Lo hizo por una razón muy poderosa; esta mujer tenía algo que a muchos de nosotros nos falta hoy en día: carácter.

Dice un buen amigo mío que «el dar es el símbolo de la riqueza, mientras que el pedir es el símbolo de la pobreza»[11] (y no estamos hablando de riqueza y pobreza material). El que tiene un carácter maduro será también generoso. El que tiene el don de dónde dar, dará aunque no tenga.

[9] Eclesiástico («Sirácida» o «Sabiduría de Sira»), capítulo 35, verso 9. Siglo II AC.

[10] Evangélio Según San Marcos, capítulo 12, versos 42 al 44.

[11] Dr Guillermo Donamaría. Director, Christ Center, Chicago, IL. USA.

El cristiano da en secreto

En el centro del Sermón del Monte Jesús dice a sus discípulos:

> Por eso, cuando ayudes a los necesitados, no lo publiques a los cuatro vientos, como hacen los hipócritas en las sinagogas y en las calles para que la gente hable bien de ellos. Les aseguro que con eso ya tienen su premio.

> Cuando tú ayudes a los necesitados, no se lo cuentes ni siquiera a tu amigo más íntimo; hazlo en secreto. Y tu Padre, que ve lo que haces en secreto, te dará tu premio.[12]

La humildad es un elemento esencial al momento de dar a los demás. Practiquémosla en medio de la sociedad electrónica y rimbombante en que vivimos.

La cantidad, en realidad, no es importante

Como dijimos anteriormente, la cantidad o el porcentaje de dinero no es realmente importante al momento de dar. Algunos pueden dar más, otros menos. Lo que realmente importa es nuestro «ser» interior y no nuestro «hacer» exterior.

Muchas veces me he encontrado con gente que me pregunta si ellos deberían dar el diezmo (indicando el dar 10% de sus entradas de dinero) a la iglesia. Hay dos cosas que generalmente contesto.

Primero digo: «Obedezca en ese tema a su pastor. Los pastores son sus líderes espirituales, y si usted está de acuerdo en formar parte de esa determinada comunidad de fe, debe seguir la instrucción de sus líderes».

Segundo, generalmente aclaro que en la antigüedad la gente del pueblo de Israel no daba 10% de sus entradas anuales al templo. Daba más. Esa actitud solo demuestra lo poco que conocemos las Escrituras y por qué hacemos lo que hacemos.

---

[12] Evangelio Según San Mateo, capítulo 6, versos 2 al 4. Versión Popular.

Lo voy a explicar: los judíos de la antigüedad tenían una sola cosecha anual; sin embargo, daban tres diezmos: dos anuales y un tercer diezmo cada tres años. El primer diezmo era para ser almacenado en el templo;[13] el segundo para las viudas y huérfanos del pueblo hebreo[14]; y el tercero (cada tres años) para las viudas y huérfanos extranjeros (gentiles) que vivían en Israel.[15] Por lo tanto, los judíos de la antigüedad «diezmaban», de promedio ¡23.33% anual!

No digo esto para que algunos líderes religiosos empiecen a demandar 23.33% de las entradas de sus feligreses; lo digo para demostrar que lo que nosotros consideramos «diezmo» después de Cristo, no tiene un paralelismo literal con el Antiguo Testamento, sino que tiene un paralelismo con sus principios: el honrar a Dios como el verdadero dueño de todo lo que tenemos.

Dónde pone su dinero sí es importante

A pesar de que hemos estado hablando de diezmos y ofrendas primordialmente para la iglesia, la realidad es que esa es solo una pequeña parte de lo que deberíamos dar como personas. También deberíamos aprender a dar al necesitado, dar a causas nobles, dar para demostrar amor a nuestros amigos y familiares, y darnos a nosotros mismos con nuestros talentos y tiempo para la humanidad.

Tengo un buen amigo que vive en Puerto Rico. Es médico. Cada año organiza un equipo de colegas que viaja a diferentes lugares del Caribe donde hay pobreza y necesidad para tratar a la gente enferma. Es un excelente cirujano y se especializa en reemplazos de caderas. Hasta el momento ha hecho cientos de estos reemplazos, especialmente a jóvenes y niños de familias necesitadas.

---

[13] Ver el cuarto libro de Moisés, Números, capítulo 18, versículos 21 al 32.

[14] Ver el quinto libro de Moisés, Deuteronomio, capítulo 14, versículo 22.

[15] Ver el quinto libro de Moisés, Deuteronomio, capítulo 14, versículos 22 al 29.

Él y sus amigos médicos entregan de su tiempo y de su dinero para hacer estos viajes. Pero el aporte que más impresión causa en la vida de la sociedad es la entrega de sus conocimientos y experiencia con el fin de ofrecer algo que no tiene precio: la salud.

Alberto vive en Chicago. Es un excelente amigo personal y es la persona más capaz que conozco en el mundo cuando uno habla del tema de redes de computadoras. Trabajó en montar las redes de computadoras de una de las compañías de hamburguesas más grandes del mundo. Es un verdadero genio.

Alberto me confesó que tiene una meta en la vida: acumular suficiente capital como para retirarse temprano y de esta manera poder viajar ofreciendo gratuitamente sus servicios y experiencia a organizaciones benéficas alrededor del mundo.

En muchas ciudades de Estados Unidos es común encontrar asociaciones de hombres de negocios y profesionales que ya se han retirado ofreciendo su experiencia y sabiduría gratuitamente a aquellos profesionales y negociantes que están comenzando.

Sin embargo, quisiera dar una advertencia con respecto a las personas y organizaciones a las que habremos de ayudar con nuestro tiempo, talento y tesoros. Estas palabras de precaución valen tanto para las comunidades de fe como para las organizaciones.

Ya desde el primer siglo de nuestra era existía entre los líderes de la iglesia cristiana la preocupación por la aparición de aquellos que, presentándose como «apóstoles», «predicadores» o «profetas», estaban buscando ganancias materiales a través de la predicación del evangelio.

Podemos ver claramente esa preocupación en la *Didache* o *La Doctrina de los Doce Apóstoles*, un documento de la iglesia primitiva que salió a la luz en 1875 en la ciudad de Estambul, Turquía.

La *Didache* indica, por ejemplo, que cualquier apóstol o profeta que quisiese más que pan para el camino, pidiese dinero o demandase que se le alojara por más de dos días, debería considerarse falso.[16] En el siglo veintiuno podemos llegar a ser un poco más indulgentes... pero no mucho. Aquí van algunas pautas que deben tomarse en consideración antes de ayudar económicamente a cualquier organización o persona:

- ¿Cuántos años de existencia tiene esa organización o iglesia?
- ¿Tienen metas concretas y claras o están tratando de ser todo para todos? («El que mucho abarca poco aprieta» dice el refrán.)
- ¿Hay gente que les conozca bien?, ¿qué dicen?
- ¿Cuál es la reputación del líder?
- ¿Cómo se reflejan los principios y valores de que hablamos al comienzo de este libro en su vida?
- ¿Tiene la organización o iglesia informes financieros regulares?
- ¿Están esos informes disponibles a los donantes?
- ¿Tienen un auditor externo a la organización?
- ¿Tiene la organización una Junta Directiva o es una dictadura?
- ¿Son los miembros de la Junta Directiva miembros de la misma familia? ¿Cuántos?
- ¿Cuáles son los resultados concretos del trabajo de esa organización?
- ¿Qué porcentaje de los donativos se usan para recaudar más donativos?
- ¿Cómo se establece el salario de los líderes de la organización/iglesia?
- ¿Cuántos salarios mínimos gana el líder máximo?

Debemos recordar que estas son solo pautas para ayudarle a pensar en la dirección correcta al momento de decidir dónde va a invertir el dinero que tiene para dar. «Hay de todo y para

---

[16] *Didache*, capítulo 11, versos 4 al 6, 9, 12. Tomado de Justo L. González. *Faith & Wealth*. (New York: Harper-Collins, 1990), página 93.

todos en este mundo cruel» dice un amigo mío ¡y tiene razón!
Una de las características de un buen administrador es, justamente, administrar correctamente hasta lo que habrá de dar a
otros.

Recuerdo que me contaron en Miami la historia de la dia-
conisa de una iglesia que comenzó una «pirámide» económica
«para el bien de todos», según decía. Sin embargo, cuando el
pozo llegó a los $5.000 no dio más señales de vida y desapareció
del mapa.

En otra historia de terror del sur de la Florida una familia,
supuestamente en necesidad, colectó miles de dólares en efectivo de ayuda de las iglesias de la zona, compró otros miles de dólares en muebles y artículos del hogar a crédito, colocó todo en
un contenedor y, dejando deudas y benefactores, se mudaron a
su país en Centroamérica.

Antes de ayudar a un individuo, uno se debería preguntar:

- ¿Por qué ha llegado a esta situación?
- ¿Hay algún principio eterno que se ha estado violan-
  do?
- ¿Qué principios morales tiene ese individuo o familia? ¿Qué me dice esta situación económica en particular sobre sus valores personales? Recordemos lo
  que dice Larry Burkett: «La forma en que manejamos nuestro dinero es una expresión externa de una
  condición espiritual interna».
- ¿Está dispuesto a corregir errores o solo quiere el dinero?
- ¿Está viviendo con un plan económico? Si no lo está,
  ¿estaría dispuesto a establecer un presupuesto y vivir
  dentro del mismo?

En las contestaciones a estas preguntas se encuentra la
base de nuestra decisión de ayudar a alguien, sea un desconocido, un amigo o un familiar.

Lo siguiente que le recomendaría al momento de ayudar a
otra persona (y esto lo hago por la cantidad de historias de

terror que escucho sobre este asunto) es que nunca preste a nadie ni le ayude con dinero a menos que se lo pueda regalar. Esto no quiere decir que se lo tenga que regalar, simplemente quiere decir que si no se lo puede regalar, no se lo debería prestar.

Una universidad en un país de Sudamérica se encuentra hoy en día en un aprieto económico justamente por esa razón. Un líder comunitario quería organizar un evento musical hace algún tiempo y fue a pedirle a la universidad que le prestara el dinero. El presidente universitario, amigo del que vino a pedir prestado, se opuso al préstamo porque a pesar de tener una gran cantidad de dinero en el banco, ese dinero era para pagar bonos a los trabajadores y profesores universitarios.

Sin embargo, el líder comunitario tenía suficientes amigos en la Junta Directiva de la universidad como para ir por encima de la decisión del presidente. Para hacer la historia corta, diremos que los miles y miles de dólares le fueron prestados y que el evento musical que debía atraer a decenas de miles de personas solo tuvo una concurrencia de unos pocos cientos.

Ahora, frente al fracaso total, ese líder está enviando a algunos de sus amigos a hablar con el presidente de esa universidad para que le perdone la deuda contraída. Entonces es cuando ese hombre de honor me llama. «Andrés —me dice—, si fuese el dinero de mis ahorros se lo regalo. ¡Pero es el dinero de los trabajadores y profesores de la universidad!»

¡Cuántas historias de terror como esa escucho a lo largo de nuestro continente! El asunto se desarrolla más o menos así:

a. El amigo o familiar de alguien le pide dinero prestado.

b. la víctima presta dinero que, en realidad, lo necesita para otra cosa.

c. Pero como se le promete que se le va a devolver para una determinada fecha, lo presta de todas maneras.

d. Finalmente, el pago no llega y ahora la miseria tiene compañía...

Alguien una vez me dio este consejo que nos ha dado muy buen resultado: Cuando un amigo o familiar nos pide dinero prestado, mi esposa y yo (¡tiene que ser una decisión de los dos!) vemos qué pasaría si le tuviéramos que regalar ese dinero. Si no nos afecta el presupuesto ni los compromisos futuros, se lo prestamos.

Si nuestro amigo o familiar no nos puede pagar por alguna razón valedera, mi esposa y yo le decimos: «No te preocupes, tómalo como un regalo de nuestra familia para la tuya». Hemos perdido dinero, pero hemos salvado una amistad.

Dejo el tema de «aprender a dar» como un ingrediente para el éxito económico con una historia. Se cuenta que una vez un mendigo estaba pidiendo dinero al costado del camino cuando pasó a su lado el famoso Alejandro el Grande. Alejandro lo miró, y con un gesto bondadoso, le dio unas cuantas monedas de oro.

Uno de los sirvientes del gran conquistador, sorprendido por su generosidad, le dijo: «Mi señor, algunas monedas de cobre podrían haber satisfecho adecuadamente la necesidad de este mendigo. ¿Por qué darle oro?» El conquistador miró a su paje y le contestó con sabiduría: «¡Algunas monedas de cobre podrían haber satisfecho la necesidad del mendigo; pero las monedas de oro satisfacen la generosidad de Alejandro!»

Aprendamos a dar en un nivel económico que no solamente satisfaga las necesidades físicas de los demás, sino que, por sobre todo, satisfaga la generosidad y la integridad de nuestro corazón.

Para poner en práctica

Aquí hay un resumen de los siete principios del dar que acabo de darle a conocer. Tome un tiempo para revisarlos antes de continuar.

1. El cristiano da, primordialmente, para honrar a Dios.

2. El cristiano da sin esperar nada a cambio.

3. El cristiano da voluntariamente.

4. El cristiano da generosa y sacrificialmente.

5. El cristiano da en secreto.

6. La cantidad, en realidad, no es importante.

7. Dónde pone su dinero sí es importante.

Si quisiera saber qué tipo de organizaciones apoyar con sus finanzas (aparte de su iglesia), piense: «¿Qué tipo de cosas realmente me molestan?» o «¿Qué tipo de cosas me enojan?» Luego busque organizaciones que resuelvan ese problema y apóyelas de todo corazón.

Por ejemplo, a mí me enoja el derroche de dinero y la opresión económica en la que se encuentra el pueblo de habla hispana en Estados Unidos.

Me molesta profundamente, también, el sufrimiento económico de nuestro pueblo latinoamericano. Siento que quiero abrazarlo y darle una mano para que le vaya mejor en las finanzas...

Por eso dejé todo lo que estaba haciendo para unirme al Dr. Larry Burkett en Christian Financial Concepts y fundar el departamento hispano de esa organización [Conceptos Financieros Cristianos]. Mi esposa y yo apoyamos esa organización con nuestras tres «tes»: tiempo, talento y tesoros.

¿Hay alguna organización que viene a su mente en la que quisiera invertir su tiempo, su talento o sus tesoros?

1. _____

2. _____

3. _____

¿Qué podría aportar, específicamente? Escriba una lista de las cosas que podría aportar a esas organizaciones.

1. _____

2. _____

3. _____

¿Cómo llegamos a la prosperidad integral?

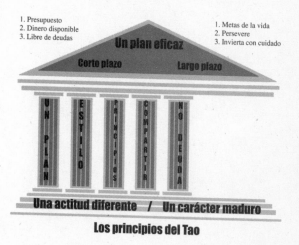

1. Presupuesto
2. Dinero disponible
3. Libre de deudas

1. Metas de la vida
2. Persevere
3. Invierta con cuidado

Un plan eficaz

Corto plazo   Largo plazo

UN PLAN   ESTILO   PRINCIPIOS   COMPARTIR   NO DEUDA

Una actitud diferente   /   Un carácter maduro

Los principios del Tao

Ingredientes del éxito
Elimine todas sus deudas

◆ *Ingredientes del éxito* ◆

PAGUE SUS PRÉSTAMOS

En una de las secciones anteriores tocamos el tema de pagar los préstamos de consumo (tarjetas de crédito, fiado, artículos que se están pagando en cuotas). Ahora vamos a hablar de pagar *todas* las deudas y préstamos, incluso la hipoteca de la casa. Recuerde que en cuanto al pago de intereses en la nueva economía de mercado, el juego se llama «¡El que paga pierde!»

Le voy a dar una serie de consejos prácticos para establecer un plan y salir de las deudas que tiene encima. Primero, deténgase aquí. Vuelva a la Primera Parte: «Secretos para Ganar». Busque la sección C: «Un plan eficaz» y revise el material sobre la importancia de salir de las deudas que le detallé saber cuando hablamos de hacer planes a corto plazo. Por favor, tome el tiempo para hacerlo ahora...

Cuando mi esposa y yo nos pusimos en contacto con los materiales del Dr. Larry Burkett y Conceptos Financieros Cristianos, teníamos deudas por más de $65.000. No éramos tontos, simplemente ignorábamos cómo manejar adecuadamente nuestras finanzas.

A pesar de alquilar en Chicago, habíamos comprado una casa en el sur de la Florida; teníamos un auto que era «el rey de los limones»: en los cuatro o cinco años que lo tuvimos ¡nunca anduvo bien!; gastábamos regularmente más de lo que ganábamos (no mucho más, pero con consistencia y a través de los años, las deudas se nos acumulaban); le habíamos pedido prestado a los suegros, a amigos y ¡hasta a la abuela que tenía casi noventa y cuatro años!

La verdad es que no sabíamos cómo salir del asunto y ni siquiera entendíamos cómo nos habíamos metido en los problemas que teníamos. Por eso es que le pedí a usted que revisara el material sobre deudas que escribí al principio del libro. Es en ese contexto que ahora le voy a dar algunas sugerencias prácticas para salir del pozo (aunque no sea demasiado profundo):

Sea franco, claro, y mantenga la comunicación abierta

Necesita mantener la comunicación abierta con sus acreedores. Todos los acreedores del mundo tienen algo en común: quieren cobrar sus préstamos. Trate a los demás como quisiera que le trataran a usted.

Si uno de sus deudores estuviera en problemas para pagarle el dinero que con tanto esfuerzo invirtió al prestarle, ¿no quisiera que él le dijera toda la verdad y le diera una idea clara y sincera de su capacidad de pago? Haga usted lo mismo.

Evalúe la situación de sus deudas

Escriba en la planilla que le he preparado en la siguiente hoja todos los datos correspondientes a sus deudas. En algunos casos puede ser que las cantidades de dinero que debe estén divididas en dos: un grupo de deudas mayores y otro de deudas menores. Agrupe sus deudas de acuerdo a la cantidad que debe. Sepárelas en esos dos grupos (si los tiene). Finalmente, dentro de cada grupo, ordene sus deudas de acuerdo a los intereses que está pagando. De mayor a menor cantidad de intereses.

Aquí hay un ejemplo. Total de deudas: $118.220, incluyendo la hipoteca.

Primero (en una hoja aparte), agrupamos de acuerdo a la cantidad que debemos.

Nombre de la deuda	Contacto y número de teléfono	Cantidad que todavía debo	Cuota o pago mensual	Interés que me están cobrando	Notas
Casa	Banco Dolor 998-8776	$98.000	$700	8.25%	
Auto	Banco Auto 234-5678	$12.800	$324	9.50%	
Tarjeta	Master-Suyo 123-4567	$3.570	$125	18.50%	
Tarjeta	Carta-Negra 887-7655	$2.200	$80	23.50%	
Préstamo papá		$650	$25		Le pagamos de interés solo lo que haya de inflación
TV / Sonido	Barato y Fiado 456-7890	$560	$20	16.00%	
Clínica	Matasanos Inc 112-2334	$440	$20	12.00%	

Segundo (en la planilla), ordenamos de acuerdo a los intereses *dentro de cada grupo*.

Nombre de la deuda	Contacto y número de teléfono	Cantidad que todavía debo	Cuota o pago mensual	Interés que me están cobrando	Notas
Tarjeta	Carta-Negra 887-7655	$2.200	$80	23.50%	
Tarjeta	Master-suyo 123-4567	$3.570	$125	18.50%	
Auto	Banco Auto 234-5678	$12.800	$324	9.50%	
Casa	Banco Dolor 998-8776	$98.000	$700	8.25%	
TV / Sonido	Barato y Fiado 456-7890	$560	$20	16.00%	
Clínica	Matasanos, Inc 112-2334	$440	$20	12.00%	
Préstamo papá		$650	$25		Le pagamos de interés solo lo que haya de inflación

¿Cómo se verían esos pagos entonces?

Mes 1	Mes 2	3	4	5	6	7	8	9
80	80	80	80	80	80	80	80	
125	125	125	125	125	125	125	125	
324	324	324	324	324	324	324	324	
700	700	700	700	700	700	700	700	
$70	$70	$70	$70	$70	$70	$70	**$70 **	
20	20	20	20	20	20	20	20	
25	25	25	25	25	25	25	25	
1.344	1.344	1.344	1.344	1.344	1.344	1.344	1.344	

Último pago

Comience el efecto acumulativo «Bola de Nieve»

Cuando termine de pagar su primera deuda, no toque ese dinero que ahora le queda libre, sino más bien aplique ese pago que ahora no debe hacer más a TV/Sonido, a la segunda deuda que habrá de liquidar: Clínica Matasanos, Inc.

De esa manera, ahora, a los $20 que estaba pagando le suma $70 que ya no paga a TV/Sonido y empieza a pagar $90. Cuando termine con Clínica Matasanos tomará todo ese dinero y lo sumará al dinero que está pagando en la siguiente deuda que quiere eliminar (Préstamo a Papá). Luego, cuando termina con Préstamo a Papá se mueve al grupo de las «deudas mayores» y empieza con el interés más alto.

¿Se va dando cuenta de cómo sus pagos comienzan a acelerarse rápidamente? Es como una bola de nieve: primero comienza pequeñita, pero con el correr del tiempo aumenta increíblemente su tamaño porque va «absorbiendo» los pagos anteriores.

Permítame recordarle la situación actual, para que no se pierda en el camino:

Nombre de la deuda	Contacto y número de teléfono	Cantidad que he pagado	Cantidad que todavía debo	Cuota o pago mensual	Interés que me están cobrando	Notas
Tarjeta Carta-Negra 887-7655	$640	$1.560	$80	23.50%		
Tarjeta Master-Suyo 123-4567	$1.000	$2.570	$125 18.50%			
Auto	Banco Auto 234-5678	$2.592	$10.208	$324	9.50%	
Casa	Banco Dolor 998-8776	$5600	$92.400	$700	8.25%	
TV / Sonido	Barato y Fiado 456-7890	$560	$0	16.00%		
Clínica	Matasanos Inc 112-2334	$160	$280	$20	12.00%	
Préstamo papá		$200	$450	$25		Le pagamos de interés sólo lo que haya de inflación

Entonces continuamos con los pagos, a partir del mes número 9:

Mes 9	Mes 10	11	12	13	14	15	16	17
80	80	80	80	80	80	155	195	195
125	125	125	125	125	125	125	125	125
324	324	324	324	324	324	324	324	324
700	700	700	700	700	700	700	700	700
Pagado	Pagado	Pagado	Pagado	Pagado	Pagado	Pagado	Pagado	Pagado
90	90	90	**10**	Pagado	Pagado	Pagado	Pagado	Pagado
25	25	25	105	115	115	**40**	Pagado	Pagado
1.344	1.344	1.344	1.344	1.344	1.344	1.344	1.344	1.344

Preste atención:

En la semana 12 pagamos los $10 que nos quedaban a la clínica y sumamos los otros $80 a la cantidad que estábamos pagando para el «Préstamo Papá». En el mes 15 hicimos lo mismo con el «Préstamo a Papá»: Pagamos los $40 que nos quedaban, y sumamos los otros $75 al pago de la tarjeta «Carta-Negra». Luego de 17 meses de pago acumulado, esta es nuestra situación financiera:

Nombre de la deuda	Contacto y número de teléfono	Cantidad que he pagado	Cantidad que todavía debo	Cuota o pago mensual	Interés que me están cobrando	Notas
Tarjeta	Carta-Negra 887-7655	$1.470	$730	$195	23.50%	
Tarjeta	Master-Tuyo 123-4567	$2.125	$1.445	$125	18.50%	
Auto	Banco Auto 234-5678	$5.508	$7.292	$324	9.50%	

Casa	Banco Dolor 998-8776	$11.900	$86.100	$700	8.25%	
TV / Sonido	Barato y Fiado 456-7890	$560	Pagado		16.00%	
Clínica	Matasanos	Inc 112-2334	$440	Pagado		12.00%
Préstamo papá		$650	Pagado			Le pagamos de interés solo lo que haya de inflación

¿Qué pasa, pues, en los próximos nueve meses, a partir del mes 18?

Mes 18	Mes 19	20	21	22	23	24	25	26
195	195	195	**145**	Pagado	Pagado	Pagado	Pagado	Pagado
125	125	125	175	320	320	**255**	Pagado	Pagado
324	324	324	324	324	324	389	389	389
700	700	700	700	700	700	700	700	700
Pagado	Pagado	Pagado	Pagado	Pagado	Pagado	Pagado	Pagado	Pagado
Pagado	Pagado	Pagado	Pagado	Pagado	Pagado	Pagado	Pagado	Pagado
Pagado	Pagado	Pagado	Pagado	Pagado	Pagado	Pagado	Pagado	Pagado
1.344	1.344	1.344	1.344	1.344	1.344	1.344	1.344	1.344

Finalmente, luego de poco más de 2 años de trabajo, perseverancia y dominio propio, hemos reducido nuestras deudas a las dos de más tamaño: el auto y la casa. En 10 meses más (justo al final de los 3 años de planeamiento), seremos libres de todas las deudas, excepto la de la casa. Hemos reducido deudas por valor de $118.220 a un poco menos de $73.000, quedándonos solo con la hipoteca de la casa... y si continuamos pagando a este ritmo, pagaremos la hipoteca de la casa ¡en solo 6 años más!

Comprométase a vivir una vida libre de deudas

No es fácil vivir una vida sin deudas en una sociedad latinoamericana que marcha hacia la integración y el crecimiento económico a través del consumismo de bienes y servicios.

Por otra parte, también sentimos la presión de que ahora, gracias a que podemos pagar a crédito, podemos obtener cosas que nos hubiera llevado años conseguir en el pasado.

Mi mensaje, en este caso, es de precaución. Como dijimos antes, no está mal pedir prestado, y en algunos casos uno puede encontrar programas gubernamentales que nos permiten acceder a una casa digna con un pago mensual realmente bajo. Los principios que se deben tener en cuenta al momento de tomar un préstamo ya los hemos discutido anteriormente.

Sin embargo, creo que no está mal repetir una vez más que cuando hablamos de pagar intereses, «el que paga pierde».

Aprendamos a ejercer el dominio propio que, con el correr de la larga carrera de la vida, siempre ha demostrado dejarnos con la mayor cantidad de dinero en el bolsillo.

Para poner en práctica

El quinto ingrediente del éxito es pagar los préstamos a corto y a largo plazo. Estos son los pasos que se sugieren para hacerlo:

1. Sea franco, claro, y mantenga la comunicación abierta.
2. Evalúe su situación de deudas.
3. Pague un poco a cada acreedor.
4. Use el excedente del presupuesto para hacer pagos «extra».
5. Comience el efecto acumulativo «Bola de Nieve».

6. Comprométase a vivir una vida libre de deudas.

Tome un tiempo para meditar en su situación personal de deudas y préstamos. ¿Hay algunas decisiones que deba tomar con respecto a sus deudas (si tiene)?

_____

_____

_____

_____

_____

_____

_____

_____

_____

_____

_____

¿Cómo llegamos a la prosperidad integral?

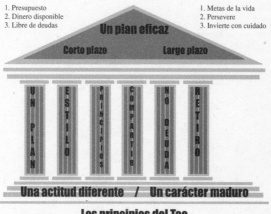

1. Presupuesto
2. Dinero disponible
3. Libre de deudas

1. Metas de la vida
2. Persevere
3. Invierte con cuidado

Un plan eficaz

Corto plazo   Large plazo

UN PLAN   ESTILO   PRINCIPIOS   COMPARTIR   NO DEUDA   RETIRO

Una actitud diferente / Un carácter maduro

Los principios del Tao

Ingredientes del éxito
Prepárese para la edad madura

◆ *Ingredientes del éxito* ◆

PREPÁRESE PARA
LA EDAD MADURA

«Ve a la hormiga, oh perezoso, mira sus caminos sé sabio; la cual no teniendo capitán, ni gobernador, ni señor, prepara en el verano su comida, y recoge en el tiempo de la siega su mantenimiento».[1]

Las palabras del sabio Salomón nos enseñan que debemos prepararnos en la juventud, durante los días de nuestro «verano», para cuando llegue el otoño y el invierno de nuestra existencia. Esos serán los días en que vamos a tener la libertad de dejar el trabajo que estamos haciendo y podremos recibir un sustento económico para hacer otras cosas.

Es importante notar que la jubilación o el retiro es un invento moderno y no hay ninguna ley moral ni física que nos

---

[1] Salomón. Libro de los Proverbios, capítulo 6, versos 6 al 8. Versión Reina-Valera 1960.

diga que necesariamente lo debemos hacer a los 65 años. Solo he descubierto un pasaje en la ley judía que habla específicamente del traspaso de las funciones del templo de un sacerdote mayor a uno más joven, y eso, creo, se realizaba más bien por lo pesado que era el trabajo de matar bueyes y ofrecer los holocaustos, que por el hecho de haber llegado a una determinada edad.[2]

Conozco gente que se ha retirado entre los 40 y 45 años, y gente que ha planeado su retiro y lo ha hecho a los 50. Por otro lado, tengo familiares que tienen más de 80 años y continúan su vida productiva.

Debemos planear para el futuro, para el momento en que vayamos a dejar nuestro trabajo regular, tomando en cuenta que hay mucha gente que está viviendo cada vez más tiempo debido al continuo avance de la ciencia, la tecnología y la medicina. El Seguro Social y la jubilación que proveen nuestros países no siempre son suficientes; ayuda, pero no es lo que necesitamos para vivir dignamente.

Deberíamos tener un plan de retiro, y para eso sería bueno que leyera algún libro específico en su país que tenga que ver con la manera de planear para la jubilación. En general, para poder jubilarnos y mantener el mismo nivel de vida que tenemos ahora, necesitaremos proveernos de un salario que sea aproximadamente 75% de nuestras entradas actuales. Sin embargo, nadie nos dice que debemos abandonar la fuerza laboral a los 65 años de edad...

Existe un estudio realizado en Harvard entre 1980 y 1990 con algunos alumnos graduados de la institución. De aquellos alumnos que se retiraron en 1980 y dejaron de trabajar, el estudio indicaba que para 1990, 6 de cada 7 estaban muertos. De aquellos que habían continuado trabajando por los próximos 10 años, 6 de cada 7 estaban vivos.

Trabajar más allá de nuestra jubilación puede ser algo positivo: Nos da algo que hacer; mantiene nuestra mente en

[2] Cuarto libro de Moisés. Libro de Números, capitulo 8, versos 23 al 26.

funcionamiento; nos hace sentir cómodos, útiles, como que estamos aportando algo a la sociedad en que vivimos. Ese será el momento de hacer un cambio de carrera o de invertir en los demás.

Muchas veces tratamos a nuestros ancianos jubilados como gente inútil cuando en realidad no lo son. Tienen acumulada una valiosísima experiencia a través de los años. Es importante ponerla a trabajar.

Entonces, no necesariamente uno debe detener toda la actividad a una determinada edad. Uno puede seguir con su carrera, cambiarla y estudiar otra cosa, hacer nuevos negocios, ayudar a los más jóvenes, salir de viajes, etcétera. Siempre es bueno vivir una vida activa, y sobre todo, vivirla sintiéndose útil a los demás.

Tengo un amigo que es un excelente veterinario; sin embargo, la pasión de su vida es la carpintería. Me dice que está haciendo lo posible y lo imposible para poder retirarse temprano en la vida y así dedicarse a viajar por el país ayudando en proyectos de construcción para organizaciones sin fines de lucro. Todavía no ha llegado a los cuarenta y ¡ya se está armando de su equipo de herramientas!

Tengo familiares que, con más de ochenta años, todavía están siendo útiles a la sociedad y al mundo que les rodea.

Dejando de lado las circunstancias de salud y las situaciones que van más allá de nuestro control, yo creo que en la gran mayoría de los casos, la decisión es suya: planear para convertirse en un inservible, un vegetal que hay que mantener y cuidar, o vivir una vida plena y radiante hasta el último día de existencia siendo de ayuda y bendición a la humanidad.

Para poner en práctica

Escriba el tipo de metas que tiene en la vida para cuando se jubile. Usted no tiene que ser demasiado detallista. Simplemente, a grandes rasgos explique qué le gustaría hacer cuando se retire y cuánto dinero necesitará mensualmente para lograrlo.

_____

_____

_____

_____

_____

_____

_____

_____

_____

_____

_____

_____

_____

_____

_____

_____

_____

_____

_____

_____

_____

_____

_____

_____

¿Cómo llegamos a la prosperidad integral?

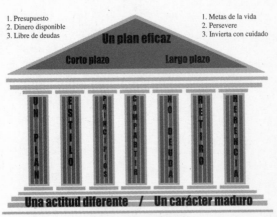

1. Presupuesto
2. Dinero disponible
3. Libre de deudas

1. Metas de la vida
2. Persevere
3. Invierta con cuidado

Un plan eficaz

Corto plazo   Largo plazo

UN PLAN / ESTILO / PRINCIPIOS / COMPARTIR / NO DEUDA / RETIRO / HERENCIA

Una actitud diferente   /   Un carácter maduro

Los principios del Tao

Ingredientes del éxito
Planee la distribución de su herencia

◆ *Ingredientes del éxito* ◆

PLANEE LA DISTRIBUCIÓN
DE SU HERENCIA

«Cada vez que pienso en el concepto de la herencia me
da un ataque de urticaria y me pica todo el cuerpo»
me dijo una señora en uno de mis viajes por el sur de
Estados Unidos. Tanto a nivel personal como profesional, las
experiencias positivas que he escuchado con respecto al tema
de la herencia las podría contar con los dedos de una mano.

Luego de toda una vida de trabajo, es triste notar la gran
cantidad de familias que han perdido todo lo acumulado con
gran sacrificio en el simple traspaso de los bienes de los padres
a los hijos.

Sin embargo, San Pablo nos dice: «No deben atesorar los
hijos para los padres, sino los padres para los hijos»,[1] y en su
carta a Timoteo deja bien claro que aquel que «no provee para

---

[1] San Pablo. Segunda carta a los Corintios, capítulo 12, verso 14.
Versión Reina-Valera 1960.

los suyos, y mayormente para los de su casa, ha negado la fe, y es peor que un incrédulo».[2]

Así que, tengamos mucho o poco, deberíamos sentarnos a pensar tarde o temprano (y más vale temprano que tarde) en cómo vamos a proveer para nuestra familia cuando nos vayamos de este mundo.

Los latinoamericanos tenemos un miedo instintivo al tema de la muerte. Nuestros antepasados indígenas adoraban a los muertos y nuestros antecesores hispanos y musulmanes tenían también sus ideas extrañas sobre la vida antes y después de la muerte. Por cultura vivimos el «hoy» y dejamos que «mañana traiga su propio afán». Sin embargo, la cultura y la tradición no son excusas lo suficientemente fuertes como para desligarnos de la responsabilidad de legar a nuestra familia bendiciones y no dolores de cabeza el día que pasemos a mejor vida.

¡Cuántas mujeres han perdido fortunas amasadas por sus esposos cuando ellos, repentinamente, fallecieron sin haberles preparado apropiadamente para tomar a su cargo los negocios de la familia!

Usted y yo no solo somos administradores de nuestras vidas, también somos administradores de la vida y la relación que tenemos con nuestro cónyuge y con nuestros hijos. Ellos no son nuestros. Dice por allí un poema: «Son hijos e hijas de la vida...». No nos pertenecen, forman parte de nuestros «tesoros», no podemos ser irresponsables.

Aquí van algunos consejos útiles para preparar a la familia para el día de su partida:

Cómo preparar a la esposa

Las estadísticas son diferentes de país en país, pero en general nos muestran que los hombres tenemos muchas más posibilidades de preceder a nuestras esposas en el camino a la eternidad. Prepare a su mujer y manténgala informada de todos sus negocios.

---

[2]   San Pablo. Primera carta a Timoteo, capítulo 5, verso 8. Versión Reina-Valera 1960.

En la antigüedad no había problemas, la mujer de uno muchas veces pasaba a su hermano o al familiar más cercano. En nuestros días la cosa no es tan fácil...

Pregúntese: «Si yo paso a la eternidad hoy, ¿cómo sobrevivirá mi esposa?, ¿tiene una carrera, una profesión?, ¿tenemos un negocio juntos, algunas inversiones?, ¿tengo un seguro de vida que le pueda proveer de algún dinero?, ¿cuánto dinero necesitará cada mes para mantener nuestro nivel de vida? (probablemente alrededor de 75% de las entradas netas que la familia tiene hoy en día).

Luego escríbale una carta y colóquela en un sobre grande o portafolio junto con todos los papeles legales que ella necesitará cuando se halle sola. En la carta le puede decir:

a. Que no tome decisiones económicas serias al menos por un año.
b. Que no tome decisiones basadas en su «instinto» o en sus emociones.
c. Que busque el consejo de gente de confianza con los que usted ya ha hablado.
d. Anímela en su fe.

Luego escríbale una lista de los papeles legales que ha guardado en el sobre o portafolio y explíquele en detalle qué es lo que tiene que hacer con cada uno de ellos. Escribir todo eso le puede resultar tedioso en ese momento, pero cuando una mujer pasa por el choque emocional de haber perdido a su marido, necesita instrucciones claras y precisas... paso a paso. Más de una herencia se ha derrochado porque la esposa no sabe cómo manejar un negocio o cómo disolverlo para sacar las ganancias.

Finalmente escriba una lista de todas las personas que ella deberá contactar antes, durante y después del funeral. Coloque el nombre, la dirección, y el teléfono de cada individuo u organización, y explique en qué se ha comprometido a ayudar a su familia.

No nos cuesta nada hablar a un familiar o a un excelente amigo y encargar en sus manos un aspecto específico del período de transición que la familia tendrá que pasar al perder a su padre (por ejemplo: encargar a alguien los preparativos del funeral y el entierro, encargar a otra persona el proceso legal del seguro de vida, a otra el proceso del testamento, nombrar a un buen amigo comerciante como asesor financiero familiar, etcétera).

Un hombre que ama a su esposa debe estar comprometido a cuidarla y protegerla antes y después de su muerte. Seamos responsables con el amor de nuestra vida...

Cómo preparar a los hijos

Si en su país se permite hacer un testamento o algún tipo de papel legal para evitar los impuestos y el trámite legal de la sucesión, ¡hágalo! En Estados Unidos 80% de las personas mueren sin un testamento embarcando a sus familias en un trámite legal interminable y costoso que incluye el famoso «impuesto a la muerte» que se le debe pagar al gobierno federal. Estos gastos le podrían robar ¡hasta 40% de sus posesiones!

Cada año unos $2.500 millones van a parar a las arcas del gobierno norteamericano porque nadie sabe a quién les pertenecen determinadas posesiones o cuentas de bancos. Aunque parezca ridículo, sin embargo, ¡90% de los abogados tampoco tienen un testamento al momento de su muerte!

De todas maneras, siempre le conviene investigar en su propia ciudad cómo establecer un fideicomiso, o algún tipo de documento legal que le permita beneficiarse al máximo de la ley y reducir notablemente los gastos de transferir sus bienes primero a su esposa, y luego a sus herederos. Esos documentos muchas veces también le permiten tomar decisiones con respecto a desconectar o no las máquinas respiratorias y el cuidado que deben tener los médicos en caso de que quede en estado vegetativo debido a problemas de salud.

Algunas personas creen que no tienen suficientes bienes como para preocuparse por crear un testamento o un fideicomiso. Pero si es dueño de su propia casa, ya tiene usted suficiente como para preocuparse por hacer algún documento legal.

En muchos países latinoamericanos no se permite a los padres hacer un testamento ni decidir cuánto dinero o qué cosas les dejan a cada uno de sus hijos. La experiencia, en muchos casos, es que este sistema termina provocando riñas, luchas internas y tensiones familiares.

Si lo desea, y a pesar de no ser un «documento legal», puede escribir en un papel cómo le gustaría que se manejara el asunto de la herencia. Pídale a sus herederos, luego, que honren su memoria concediéndole los deseos de tu última voluntad. Se asegurará así de que el proceso del traspaso de bienes de padres a hijos en su familia se haga de una manera ordenada y triunfante.

Si sus niños son pequeños, recuerde de hablar con algún familiar de confianza para que se haga cargo de ellos en caso de que mamá y papá fallezcan al mismo tiempo. De esa manera evitará que los pequeños anden como pelotitas de tenis en casa de los familiares hasta que se resuelva su tenencia y la patria potestad. Si deja escritos sus deseos en su testamento, le ahorrará dolores de cabeza a todo el mundo.

También su herencia debe incluir a su iglesia, parroquia o a las organizaciones caritativas con las que ha estado involucrado, aquellas a las que le ha estado ayudando con cierta regularidad, o a alguna nueva que crea que vale la pena.

Sus herederos recibirán la mayor parte de su herencia. Usted puede separar 10% de ella, por ejemplo, para no llegar a las puertas del cielo con las manos vacías...

Finalmente, mantenga a sus hijos informados (dentro de lo posible) sobre sus asuntos económicos. Ellos deben saber dentro de qué colchón guarda sus ahorros (¡no vaya a ser que lo quemen cuando limpien la casa después del funeral!), a quiénes le debe dinero y quiénes le deben a usted. Su seguro de vida debería tener lo suficiente como para pagar todas sus deudas y la educación de sus niños hasta los dieciocho años.

El mismo sobre o portafolio que usted armó para su esposa les podría servir también a ellos. Asegúrese de que sepan dónde está guardado. Sería bien simple decirle a los hijos: «¿Ven ese sobre grande que está colocado detrás de los platos? Por ahora manténganlo cerrado. Pero si alguna vez nos pasa algo a mami y a papi juntos, queremos que lo abran. Allí hay instrucciones sobre lo que deben hacer».

Ya sé que el planear nuestra herencia y lo que pase después de nuestra muerte no es un tema inspirador para la mayoría de nosotros.... Pero no todas las responsabilidades son «inspiradoras». Algunas, simplemente tienen la función de evitarnos un «ataque de urticaria».

Para poner en práctica

Aquí hay una serie de cosas que debería estar seguro de haber hecho:

- Educar a la viuda
- Educar a los herederos
- Escribir una carta
- Hacer un testamento o un plan para traspasar los bienes
- Lista de consejeros
- Archivo económico
- Seguro de vida
- Incluir a la iglesia u organizaciones de ayuda comunitaria

_____

_____

_____

_____

_____

_____

_____

_____

¿Necesita ayuda? Puede escribirme a mi dirección en Conceptos Financieros Cristianos:

Andrés G. Panasiuk
Conceptos Financieros Cristianos
Casilla 3010
Guatemala, Guatemala

Correo electrónico: panasiuk@cfcministry.org

Página en Internet: ministeriocfc.org

En E.E.U.U., me puede llamar al (770) 532-5750

TERCERA PARTE:

◆ *Sabiduría popular* ◆

◆ *Ideas prácticas para estirar el salario* ◆

SABIDURÍA POPULAR

«Cuida los centavos, que los pesos se cuidan solos» dice con regularidad mi madre. Yo creo que este refrán, justamente, es una de esas ideas provenientes del árbol de la sabiduría popular que, a pesar de no venir de grandes eruditos, tiene mucho de verdad.

Esa tendencia en el carácter es consistente con el estudio que mencioné anteriormente entre familias millonarias de Estados Unidos. La gran mayoría de los mil ciento quince millonarios en Estados Unidos, dicen Stanley y Danko, disfrutan de sus comodidades, pero odian el derroche. Son capaces de comprarle un tapado de visón a su esposa, pero les molesta que una lámpara quede encendida toda la noche y derroche energía eléctrica.

El secreto, dicen los investigadores, es que:

1. Estos millonarios viven siempre dentro de sus posibilidades económicas
2. Usan el tiempo, esfuerzo y dinero de maneras que les beneficiará económicamente
3. Creen que la independencia económica es mucho más importante que la demostración de rango social
4. Sus padres no les proveen de ayuda económica

5. Sus hijos adultos son económicamente independientes
6. Aprovechan las oportunidades del mercado
7. Han elegido carreras apropiadas.

Aunque usted y yo no seamos millonarios, creo que de todas maneras podríamos beneficiarnos de un par de secretitos que podrían ayudarnos a ahorrar unos pesitos en el presupuesto familiar. Las ideas no son todas mías. Muchas se han tomado del libro *Creative Home Organizer* [Organizador creativo de ideas], escrito por Emilie Barnes, de la *Guía para el presupuesto familiar* originalmente escrita por el Dr Larry Burkett, y que hemos publicado en Conceptos Financieros Cristianos, y muchas otras del libro *Tiptionary* [Diccionario de consejos], escrito por Mary Hunt.

He organizado estos consejos prácticos de acuerdo al orden de categorías que usamos para armar nuestro presupuesto. Ojalá que pueda usar algunos de estos secretitos (los que se apliquen a su país y situación económica) y pueda depositar un par de pesitos extra en sus ahorros, ya sea que los guarde en el banco ¡o debajo del colchón!

1. Transporte
2. Vivienda
3. Alimentos
4. Ahorros
5. Deudas
6. Recreación
7. Vestimenta
8. Salud
9. Seguro
10. Gastos Varios

Automóvil

Evite autos nuevos. Aunque tenga el dinero para comprarse un auto totalmente nuevo, no lo haga. El automóvil es un bien que pierde valor, se deprecia con el tiempo, especialmente los primeros 2 ó 3 años de uso. No es una buena inversión. Un automóvil de 2 años con bajo kilometraje es casi tan bueno como uno completamente nuevo. La diferencia de precio, sin embargo, es realmente impresionante.

El valor de un auto

Cuando hablamos de años de uso, el año al cual pertenece el modelo afecta mucho más su precio que la cantidad de kilómetros que tiene recorridos. Sin embargo, en realidad, un auto de 3 años con 60.000 kilómetros recorridos es tan bueno como un auto de 8 años con la misma cantidad de kilometraje. La gran diferencia, por supuesto, está en nuestro «ego» ¡y en el precio!

Cuánto pagar...

Antes de visitar un concesionario para comprar un auto usado, uno necesita trabajar un poco. Mi recomendación es que siga los siguientes pasos:

1. Averigüe primero cuánto dinero realmente tiene y cuánto puede endeudarle.
2. Luego decida qué tipo de transportación necesita. Decida la marca, el modelo y el año.
3. Averigüe el precio «base» que el concesionario tendría que haber pagado por el auto (en EEUU use el «Blue Book» o la Internet. Pregunte a un amigo que venda autos).
4. Súmele la cantidad indicada por los accesorios (radio, estéreo, etcétera.)
5. Sume o reste la cantidad correspondiente por el kilometraje.

6. Súmele 5% a ese precio como comisión para el concesionario.
7. Anote el precio en un pedazo de papel y llévelo consigo cuando salga a comprar el auto.
8. Busque en los periódicos y por los barrios específicamente el auto que está buscando. No deje que le muestren «alternativas».
9. Comprométase a dejar al concesionario si no se acercan lo suficiente a su precio. Simplemente levántese, y con cortesía, despídase del vendedor.
10. No baje la guardia: el negocio no está terminado hasta que negocie el interés que pagará por el préstamo.

Cómo negociar...

Si va a comprar un auto y va a entregar el suyo como parte de pago, comprométase a negociar cada uno de los siguientes tres módulos por separado:

1. Primero negocie el precio de venta de su auto usado. Dígale al vendedor que el precio de su carro usado es muy importante

(cuando se entusiasme con el nuevo, el valor el usado caerá inmediatamente en la mente de usted).

2. Negocie el precio del auto nuevo.

3. Negocie el interés y los accesorios.

Limpiaparabrisas

Antes de tirar a la basura los limpiaparabrisas de su automóvil, trate de limpiarlos con un trapo limpio y alcohol. Quizás, en vez de estar demasiado viejos, simplemente están cubiertos por una fina capa de goma y asfalto que han acumulado con el tiempo.

Limpiaparabrisas II

Para extender la vida de esos limpiaparabrisas tan usados, trate de lijar su filo suavemente con papel de lija. Luego límpielos bien con un pedazo de tela limpia y alcohol.

700 kilómetros

Llega a su casa y estaciona el auto en la puerta. Más tarde, al anochecer, enciende el auto y lo estaciona en el garage. Como el 90 al 95% del desgaste del motor ocurre en los primeros 10 segundos de funcionamiento después del encendido en frío usted ha logrado en unos pocos minutos el mismo tipo de desgaste mecánico del motor que le hubiera tomado manejar por 700 kilómetros de ruta bajo condiciones normales.

Frenar con el freno

El freno se hizo para frenar y la palanca de cambios para cambiar velocidades, para ir más rápido. Nadie va mas rápido frenando, ni tampoco deberíamos frenar con los cambios, (aunque hay excepciones a la regla). Sin embargo, siempre es más barato cambiar las pastillas del freno que arreglar la transmisión.

Lléveselo a casa

Todos aquellos que viven en EE.UU deben saber que pueden pedirle al vendedor de un auto usado que se lo deje llevar a casa por 24 horas. Si acepta, después de llenar algunos papeles, podrás disfrutar del auto que quieres comprar por todo un día sin sentir la respiración del vendedor junto a la yugular...

Lléveselo a casa II

Cuando lleve el vehículo a casa, no lo use solo para pasear y ver cómo funciona frente a diferentes condiciones de tránsito. También llévelo a un mecánico y pague para que le hagan diferentes tipos de estudios (incluso con computadoras) con el fin de saber la real condición del vehículo. No hay nada peor que comprarse un «limón».

Fin del año fiscal

A muchos consumidores les gusta comprar sus autos al final del año fiscal de los concesionarios. Tienen una razón más para negociar: el final del año. Sin embargo, la mayoría de los concesionarios no terminan su año fiscal en diciembre, lo terminan en marzo. Para tomar nota...

¿Tiempo de comprar?

¿Qué es mejor? ¿Continuar arreglando el auto viejo que tiene o comprarse uno nuevo? Todo depende... Por eso es importantísimo llevar la cuenta de cuanto le cuesta arreglar el auto que tienes anualmente. Nosotros tenemos un autito viejo que nos cuesta unos $700 anuales arreglarlo. Mucho menos que los $200 mensuales para comprar uno más nuevo.

Casa

Limpieza de vidrios

Para limpiar efectivamente sus ventanas y espejos, luego de lavarlos, séquelos con un papel de periódico en vez de usar tohallas de papel o de tela. Es una alternativa mucho más barata y sus vidrios lucirán mucho mejor.

Pulido de cobre

Para pulir cobre no compre productos químicos. Haga una mezcla de vinagre y sal y pula el cobre de su casa con ella. Disfrutará de cobre resplandeciente y de un par de pesos más en su bolsillo.

Olores indeseados

Si tiene problemas con olor a cigarrillo en alguna habitación o en su lugar de trabajo, simplemente humedezca una tohalla con vinagre y muévala por el área con problemas. También, si pone vinagre dentro de platos hondos, mantendrán la habitación desodorizada.

Limpiador de multiusos

Si quiere un limpiador de usos múltiples, mezcle media taza de amoníaco y una taza de bicarbonato de sodio y divida la mezcla dentro de dos botellas de dos litros (o una de un galón, en EE.UU). Agregue dos tazas de agua tibia, tape cada botella y agítelas. Finalmente, agregue 6 tazas más de agua en cada botella (12 en la de un galón). Use media taza de limpiador por cada balde de agua o úselo sin diluir para rociar sobre los muebles de la cocina o limpiar la cerámica.

Manchas de humedad

Para remover las manchas de humedad use una mezcla de una cucharada de agua oxigenada en una botella de dos litros de agua. Las manchas desaparecerán «como por arte de magia».

Platos brillantes

Después, luego de enjabonar sus platos, use una tina o pileta llena de agua para enjuagarlos, agregue una taza de vinagre al agua para cortar cualquier residuo de grasa o jabón. Sus platos lucirán brillantes y se verán totalmente limpios.

Para remover el sarro

Si usted vive en una zona donde se le acumula calcio en el fondo de las teteras, pavas o contenedores de agua, mantenga una o dos bolitas de mármol o vidrio (como la que usan sus niños para jugar en la escuela) en el fondo de ellas. Con el uso, al moverse de un lugar a otro, no permitirán que los sedimentos tengan la posibilidad de aferrarse a las superficies.

Cuidado de la plata

Si tiene cubiertos de plata y no quiere que se le oscurezcan, coloque en la caja donde los guarda un pedazo de tiza, como la que se usa para escribir en las pizarras de las escuelas.

Freezer

Si tienes un «freezer» ahorrará el máximo de energía (y dinero) si lo mantiene siempre completamente lleno. Para lograrlo, simplemente llene de agua algunas botellas de plástico a medida en la que vacías el «freezer» para reemplazar la comida usada. De esa manera, siempre podrás tomar ventaja del concepto del «freezer» lleno.

Secreto de plomero

Algunos plomeros recomiendan esconder varios pedazos de carbón en el baño para absorber el olor y la humedad. Cuando lo hagas, considera no ponerlos al alcance de niños pequeños.

Ahorrar agua

Si tiene detrás del inodoro un tanque externo (no, construído dentro de la pared), llene una botella plástica de un litro con agua hasta el tope y colóquela dentro del tanque de agua. La botella ocupará espacio en el tanque y le permitirá utilizar menos agua para el inodoro.

Fertilizante alternativo

En vez de comprar fertilizantes costosos en los negocios, puede hacer su propio fertilizante a muy bajo costo. Simplemente diluye dos cucharaditas de amoníaco en cuatro litros de agua. Déja que se estacione la mezcla por 24 horas. Luego, antes de fertilizar las plantas diluya nuevamente una taza de esta mezcla que acaba de hacer en otros cuatro litros de agua. Cuidado: más no es mejor. No coloque más de una taza de fertilizante por cuatro litros de agua, porque quemará sus plantas.

Insecticida

Mezcle dos gotitas de jabón de lavar platos en un litro de agua. Coloque la mezcla en una botella rociadora y rocíe las plantas de su jardín con regularidad. Es un insecticida barato y efectivo, especialmente contra algunos insectos que atacan a los rosales.

¿Te gusta el ajo?

Si disfruta de las comidas con ajo, cada vez que use una cabeza, toma la costumbre de tomar dos o tres dientes (especialmente si han comenzado a germinar) y plántalos en una maceta o en el jardín. Colócalos a 1 cm aproximadamente bajo tierra con la parte plana hacia abajo y la puntiaguda hacia arriba. Crecerán unos 20 a 25 cm y luego se empezarán a secar. Esa será la señal para cosecharlos y disfrutar de ajo fresco. Tomará unos cinco meses para lograr la primera cosecha, pero si está continuamente sembrando, también continuamente cosechará para usted, sus vecinos, familiares, y amigos.

¡No tire esa agua!

Cuando hierva huevos o pastas no tire el agua. Déjala enfriar y úsala para alimentar las plantas de su casa. El calcio y los almidones acumulados en el agua son excelentes nutrientes.

Plante una huerta

Para reducir los costos de la comida, plante una huerta en el fondo de su casa, o, incluso, en macetas. Visite una biblioteca y consiga un libro sobre cómo plantar una pequeña huerta en su casa.

Alimentos

Filtros de Café

Los filtros de café de color marrón que no han sido procesados con cloro («lavandina» en algunos países) son más fuertes que los blancos. No los tire a la basura después de usarlos por primera vez. Lávelos, déjelos secar y vuelva a usarlos por lo menos dos veces más.

Bananas

Las bananas le durarán más tiempo si las cuelga. Así que, se podría comprar un pequeño gancho como los que se usan para colgar las tazas de colección, y atornillarlo en algún lugar conveniente de la cocina. El asunto es que no deben tocar la mesa ni la pared para no «marcarse» y comenzar a echarse a perder.

No mire

No mire dentro del horno cuando cocina. Guíese por el tiempo de horneado en vez de cómo se ve la comida que está preparando. Se calcula que cada vez que abre el horno, perderá unos 10 grados de temperatura, lo que afectará no solo la calidad de lo que esté horneando sino que también consumirá más gas o electricidad (si su horno es eléctrico).

Pan «casi» fresco

Para refrescar pan que se ha endurecido un tanto, rocíe el interior de una bolsa de papel con un poco de agua, coloque el pan dentro, cierre la abertura de la bolsa y colóquelo por unos minutos en el horno hasta que se caliente. No deje la bolsa allí por mucho tiempo, o ¡le vendrán a visitar los bomberos!

Jalea

Para no derrochar la jalea y poderla untar sobre el pan más fácilmente, simplemente coloque el contenido de una jarra de jalea dentro de una botella plástica que tenga pico como la que se usa para la mostaza. Corte el pico para que su abertura sea más grande y ¡bienvenido a la forma de untar jalea en el siglo 21!

Jugo de naranja

Para realmente «sacarle el jugo» a las naranjas que acaba de comprar, colóquelas en el horno de microondas por unos 45 segundos. El trabajo le será mucho más fácil y le sacará el doble de jugo porque las fibras se habrán desgarrado un poco con el calor. Lo mismo ocurre con los limones.

Dinero en efectivo

En países como Estados Unidos, Canadá y Puerto Rico los consumidores tienen la tendencia de pagar sus compras con su tarjeta de crédito o débito. No lo haga. Ahorrará, por lo menos, 15% en sus compras si lleva solamente dinero en efectivo. El dinero en efectivo es un factor «limitante» y evitará que gaste más de la cuenta en cosas que no necesita.

Lista escrita

Confeccione siempre una lista *escrita* antes de ir al mercado. Evitará que al llegar allí le tienten cosas que realmente no necesita en ese momento.

Hambre y compras

Cuando salga de compra cuando tenga hambre (especialmente si le gustan las cosas dulces). El hambre le llevará a sobre-calcular sus necesidades reales de comida.

Calculadora

Si es posible, utiliza una calculadora para ir controlando el total de gastos a medida que realizas las compras. Lleve la cuenta de cuánto está gastando en este período del mes. Cuando llegue al límite de su presupuesto de compras para esta semana, comprométase seriamente a parar de gastar.

Productos desechables

Reduce o elimina el uso de productos desechables: platos, vasos, servilletas de papel, etc. (Usa platos de loza o plástico, servilletas de tela, vasos de vidrio, etc.). Los productos desechables, aunque muy convenientes, también resultan muy caros a largo plazo.

Productos de higiene

Evalúe dónde conviene comprar los productos de higiene personal como el champú, el enjuague bucal, etc. (Generalmente se pueden conseguir a mejor precio en las ofertas especiales que tienen las cadenas de grandes mercados y farmacias).

Ahorrar gasolina

Trate de ahorrar combustible comprando comida para un

período más largo, y en mayores cantidades. También se puede turnar con alguien del barrio para ayudarse a ir de compras, ya sea en autobús o una vez en tu auto y la siguiente en el de ella (o él).

Cereales endulzados

Evita los cereales procesados y endulzados. Son costosos y poco nutritivos.

Comidas convenientes

Evita los alimentos pre-cocinados y procesados, como comidas para el horno de microondas, alimentos congelados, pasteles, etc. Estás pagando demasiado por mano de obra que puedes proveer tu mismo.

Carne

Fíjate cuáles son los cortes más económicos de carne que puedes encontrar, y pídele al carnicero que te los corte. Sin embargo, hay que tomar en cuenta que a veces resulta más económico comprar bistecs empaquetados que están de oferta en los supermercados.

Mercadotécnia

Los supermercados hacen gran publicidad con algunos productos que colocan a muy bajo precio para atraer clientes y venderles otros productos a precio regular. Aprovecha estas ofertas y compra esos productos con descuento. Pero no te olvides de comparar el precio de las demás compras porque ¡allí puedes perder todo lo que te ahorraste en la oferta!

Hombre prevenido...

Si vives en una zona residencial donde no hay mercados, ten siempre a mano un paquete de leche en polvo para evitar los viajes de emergencia al supermercado. Cada vez que haces un viaje que no necesitas, derrochas combustible (y dinero).

Fondo mutuo de comida

Trata de comprar alimentos al por mayor. A lo largo de Latinoamérica me he encontrado con gente que hacen un fondo común entre tres o cuatro familias, y luego, entonces, pueden comprar cantidades más grandes de alimentos a los precios que lo pagan los vendedores de las calles o los mercados minoristas.

Ferias

Si las hay en tu ciudad o

pueblo, aprovecha las «ferias» en las que los productores venden directamente a los consumidores. Te ahorrarás los costos que suman a los alimentos los intermediarios.

Alimento de bebé

Prepara en casa las papillas para tu bebé en vez de comprar los alimentos pre-cocidos y envasados. Simplemente pasa los alimentos normales por la licuadora. Todos hemos crecido con este tipo de alimentos y parece que estuvimos bien alimentados, ¿no?. La conveniencia es costosa.

Mercadotécnia II

Los supermercados colocan los productos más caros a la altura de tus ojos y la de tus hijos (e hijas). No caigas en la trampa. Acostúmbrate a mirar más alto y más bajo en busca de los mejores precios por unidad.

Frutas

No compre frutas y verduras que están fuera de temporada. Si están en el supermercado es porque han tenido que pagar costos de refrigeración o de importación de algún otro país. Probablemente estén más caras que en temporada.

Los «angelitos» en casa

Deja a tus hijos en casa al cuidado de tu cónyuge a fin de evitar presiones innecesarias cuando sale de compras. Lo más inteligente que un padre puede hacer es proponerse como voluntario para cuidar a los niños mientras su esposa va de compras a solas. No hay cosa más peligrosa para el presupuesto familiar que una mujer gastando dinero mientras sus «angelitos» atacan la sección de juguetes de un negocio o con sus agudas vocecitas le insisten en que gaste dinero que no tiene.

Conservas

Considere la posibilidad de preparar conservas de sus propias verduras frescas, cuando sea posible. Desarrollar una huerta en el fondo de la casa puede ser un pasatiempo que le deje extraordinarios beneficios.

Revise las cuentas

Preste atención a cada artículo mientras se lo cobran en la caja registradora y verifique los precios de nuevo al llegar a casa. «De carne somos» dice un refrán... y ¡hasta las computadoras se equivocan de vez en cuando!

Genéricos

Por lo menos en Estados Unidos algunos productos «genéricos» (aquellos de color blanco y negro que no tienen marca) deben, por ley, ser de la misma calidad que los productos de marca que generalmente se venden bastante más caro. No pague por las campañas publicitarias de las compañías que venden alimentos. Cuando tenga que comprar aspirinas, bicarbonato de sodio, miel, melazas, maní, nueces, sal, azúcar, harina o almidón de maíz, compre los productos genéricos y ahórrese la diferencia. La calidad es la misma.

Genéricos II

Pruebe los productos enlatados que llevan la marca del mismo supermercado donde está haciendo las compras. Como tampoco pagan por publicidad, son más económicos e igualmente nutritivos que los de marcas conocidas.

Para solteros

Consígase un «compañero/a de compras». A veces comprando junto con otras personas se puede aprovechar mejor los alimentos. Por ejemplo, los huevos son más baratos si los compramos por docena. Sin embargo, para algunos de nosotros es difícil comernos toda la docena antes de que se nos eche a perder alguno. Lo mismo ocurre cuando hay ventas especiales de «dos por el precio de uno». El descuento de 50% se aplica solamente si nos podemos comer o podemos usar los dos. Comprando en cantidad y dividiendo los costos y los alimentos, puede ahorrar solo lo necesario para usted y al mismo tiempo puede ahorrar la misma cantidad de dinero que los que compran al por mayor o simplemente en mayor cantidad.

Mercadotecnia III

Planee sus viajes al supermercado. Aprenda a llegar, comprar lo que necesita y salir inmediatamente. Trate de no estar comprando por más de 30 minutos. Varios estudios de mercado han indicado que en Estados Unidos, por ejemplo, los consumidores tienen una tendencia a gastar 50¢ por cada minuto que se quedan comprando más allá de los 30 iniciales.

Café 2x6

Para servir a seis invitados

cuando le queda café solo para dos tazas, prepare esta bebida con distinción que se llama «café-moca»: agregue 1/3 de taza de cacao y tres tazas de leche a las dos tazas de café. Endulce a gusto o agregue ¼ taza de azúcar.

Listo: ¡dos cafés para seis invitados!

Huevos

Los huevos se conservarán por más tiempo si los mantiene en el empaque original y los coloca en uno de los estantes del refrigerador en vez de ponerlos en la puerta. El cambio de temperatura
al abrir y cerrar la puerta del refrigerador hace que se echen a perder más rápidamente.

Si no tiene...

Almidón: use dos cucharadas de harina por cada cucharada de almidón.

Huevos: use dos cucharadas de mayonesa por cada huevo que le pida la receta.

Miel: una taza de miel puede reemplazarse por 1¼ taza de azúcar y ¼ taza de cualquier líquido que use la receta.

Vinagre: 2 cucharaditas de limón pueden reemplazar una cucharadita de vinagre.

La carne es cara

La carne es una fuente de proteínas bastante cara. En muchos casos puede sustituirla perfectamente por frijoles. He comido excelentes platos preparados con frijoles y arroz en el Caribe, en Centroamérica y en el Brasil. Un kilo de carne puede costar entre $2 y $14, mientras que los frijoles secos cuestan entre 50¢ y $1 el kilo, y son una excelente fuente de proteínas, hierro, hidratos de carbono, tiamina y fibras.

Sopa y pan

Tome una de las noches de la semana y llámela «La Noche de la Sopa». Si cocina una nutritiva sopa con ingredientes frescos que ya tiene en su casa (no los enlatados ni pre-cocidos), puede alimentar a cuatro personas por 2 dólares.

Ahorros

Cuánto ahorrar

Debe ahorrar, por lo menos, 5% de su Dinero Disponible cada mes. Su meta es tener en dinero efectivo (ya sea en el banco o debajo del colchón) entre dos y tres meses de sueldo como un fondo para emergencias.

Cuenta especial

Si vive en el Canadá o en EEUU, abra una cuenta de ahorros en su banco. Calcule 5% de su Dinero Disponible. Escriba un cheque a su nombre y páguese sus ahorros como si estuviera pagando la luz, el gas o el teléfono. De esa manera no «sufrirá» la ausencia de sus ahorros.

Inversores principiantes

Para aquellos que quieren comenzar a invertir, aquí hay algunos consejos prácticos:

1. La inversión debe ser simple y fácil de entender.
2. Debe tomar poco tiempo para administrar.
3. No debe causarle tensión emocional.
4. No debe cambiar su estilo de vida ni hacer perder la paz en el hogar.
5. Debe poder controlar su inversión por sí mismo (misma).
6. Tiene que ser una inversión que pueda transformar en dinero efectivo con facilidad y rapidez.
7. Debe ser tan buena para aquellos que tienen poco que invertir como para los que tienen grandes cantidades de dinero.

Lotería

Todavía me sorprende la ingenuidad que demostramos los latinoamericanos cuando se trata de jugar la lotería. Sabemos que las estadísticas dicen que las posibilidades de ganar son ínfimas y, sin embargo, quemamos dinero todas las semanas tratando de salir de la pobreza de una forma mágica (parece ser que para el pobre «la esperanza es lo último que se pierde», ¿no?).

¿Por qué, en vez de derrochar esos $5 semanales en el juego, no hace algo más inteligente? Mire su vida como una carrera a largo plazo.

Si, en vez de invertir en la lotería $5 por semana (veinte por mes), invirtiera ese dinero en la bolsa de valores (a 12% de interés promedio anual), al cabo de 20 años usted y sus herederos tendrían una cuenta de ahorros con ¡casi *$20.000*! ($19.785,11, para ser exactos).

Aquí están los datos:

- Comenzando con una inversión de $0
- Aportar $20 mensuales.

- Por 240 meses (20 años).
- 12% de interés anual promedio.
- Capital invertido: $4.800
- Intereses recibidos: $14.895,11

dinero cada día de pago para el impuesto a las ganancias, y luego deposite la diferencia en una cuenta de ahorros, en su plan de retiro o en la bolsa de valores. A fin de año expídase un cheque de «devolución» de impuestos y ¡disfrútelo con intereses!

Año fiscal familiar

Comience a manejar su dinero y el de su familia como si fuera el dinero de una empresa. Planee su presupuesto en forma mensual, pero mire el balance económico en forma anual de la misma manera en que lo hacen las empresas de su país: calculando las entradas y salidas del año.

Préstamos al gobierno

Alguna gente se pone muy contenta en Estados Unidos cuando recibe una «devolución» de sus impuestos a fin de año... ¡Gran error! La razón de la devolución es que el gobierno les ha estado cobrando demás en impuestos con cada salario. ¿Por qué permitir que el gobierno trabaje todo el año con su dinero y se lo devuelva sin intereses al año siguiente? Pídale al departamento de contaduría de su trabajo que le retenga menos

¿Ahorrar gastando?

La gente dice que comprando cosas que están en oferta es una gran manera de ahorrar dinero. No siempre. Hay que tener en cuenta que uno no puede ahorrar gastando. Cuando gastamos no ahorramos, gastamos. Sólo ahorramos cuando guardamos. Entonces, a menos que las cosas que compramos en oferta sean cosas que realmente necesitemos, cuando compramos algo porque «era una oferta increíble», en realidad no hemos ahorrado, sino que hemos gastado dinero que quizás, si no hubiera sido por esa «oferta», hubiéramos guardado.

Secreto para ahorrar

Para ahorrar como un estilo de vida: debe dejar de gastar el dinero que no tiene en cosas que no necesita para impresionar a gente que no le gusta.

$1.200 al año

Si acostumbra a comer afuera todos los mediodías durante la semana de trabajo, tiene en sus manos una mina de oro. Cada lunes coloque en un sobre $25 dólares ($5 para cada día de trabajo), que es el dinero que gastaría en comidas para toda la semana. Llévese una fruta y un emparedado de su casa para comer al mediodía en vez de salir afuera. Al final del mes tendrá $100. Deposítelos en una cuenta especial de banco o en una jarra marcada «Un sacrificio de amor por mi familia». Al final del año, cuando llegue Navidad y la época de vacaciones, descubrirá que su sacrificio traerá alegría y sonrisas a todos los que ama... ¡mil doscientas sonrisas, para ser exactos!

Ahorra las monedas

Esta idea puede ser que no funcione en varios países del continente, pero es realmente efectiva en otros. Comprométase a no gastar las monedas que le van quedando en el bolsillo cada día. Provea a su familia de una jarra donde dejar caer las monedas de cada día. Colóquela en la cocina de su casa. A fin de mes, sin haber sentido siquiera el «dolor» del dinero no gastado, cambie las monedas y deposite esa cantidad en su cuenta de ahorros.

Ahorrar para sus hijos

Invierta en la bolsa $50 por mes en su hijo o hija desde sus 8 a los 18 años.

Entréguele los $10.849,91 con la condición de que no puede tocar la inversión hasta los 60 años (ese es su plan de retiro).

Si no pone un centavo más en el banco, a los 60 tendrá en su cuenta un poco más de ¡UN MILLON DE DOLARES!

Deudas

Regla # 1

La primera regla en cuanto a las deudas tiene 2.000 años de antigüedad: «No tengan deudas con nadie» decía el sabio San Pablo a sus discípulos en Roma. Es un excelente consejo.

¿Bueno o malo?

No es malo pedir prestado, lo malo es pedir prestado sabiendo que no tenemos una forma segura de pagar el préstamo. Esa situación, cuando el pasivo es mayor que el activo, es lo que lleva muchas veces a las situaciones de crisis que vemos en Latinoamérica.

¿Prestar o no prestar?

Antes de acceder a prestar dinero debe estar de acuerdo con su cónyuge. Muchos matrimonios sufren profundamente cuando uno de los miembros de la pareja presta dinero a un amigo o familiar sin el consentimiento del otro. La relación de pareja realmente se deteriora cuando ese amigo o familiar luego no puede pagar.

¿Prestar o no..? II

Preste dinero solamente si sabe que lo podría regalar. Si su amigo o familiar no le puede pagar, siempre puede decirle que tome esa cantidad como un regalo de parte suya y de su familia. Habrá perdido dinero, pero habrá salvado la relación. La gente y nuestra relación con ella es mucho más importante que las cosas materiales. El problema viene cuando prestamos lo que no tenemos, y luego debemos sufrir porque no nos lo devuelven.

Antídoto

La mejor forma de estar absolutamente seguros de que nunca tendremos que pedir prestado es: 1) ahorrar con regularidad y 2) gastar siempre menos de lo que ganamos.

Honestidad

Siempre sea honesto con la gente a la que le debe dinero. Recuerde la regla de oro: trate a los demás como le gustaría que le traten a usted. Su acreedor se arriesgó por usted y tiene derecho a que sea honesto con él (o ella). Él quiere, sobre todo, que le pague su deuda, así que estará dispuesto a sentarse con usted y acordar un nuevo plan de pagos.

Tarjetas de Crédito

No es malo tener tarjetas de crédito, simplemente tiene que comprometerse a cumplir con ciertas normas:

1. No tenga muchas tarjetas de crédito. Recuerde que, como en el amor, «dos son compañía, tres son multitud».
2. Nunca compre algo que no está en su presupuesto.
3. Como ha comprado dentro de su presupuesto, siempre tendrá dinero disponible para pagar a

fin de mes 100% de lo que cargó a la tarjeta.

4. El primer mes que no pueda pagar el balance de su tarjeta, rómpala y comience a manejar dinero en efectivo.

Automóvil

Acostúmbrese a ahorrar el dinero del automóvil antes de comprarlo. Cómprelo con dinero en efectivo y ¡hasta podrá pedir un descuento! La compra del automóvil al contado es solo una cuestión de costumbre. El auto lo debe pagar de todas maneras (al contado o a crédito). La diferencia es que si lo compra al contado, usted se queda con los intereses.

Mala inversión

Considere el automóvil como una mala inversión -una mala deuda-. No es lo mismo comprarse una casa o un departamento, que un vehículo. Tanto el auto como la casa rodante, o la casa-trailer, pierden su valor a través del tiempo. Entonces considere la compra del auto desde el punto de vista de un inversor: no hay peor inversión que aquella en la que se pierde plata a través de los años. No es extraño el día de hoy encontrarse con parejas que han gastado 15 o 20 mil dólares a través de los años en transportación y ahora manejan vehículos que, literalmente, se caen a pedazos.

Aval

De acuerdo a un estudio realizado por la Comisión Federal de Comercio de Estados Unidos, 50% de los que avalan un préstamo terminan pagándolo. Ese es un riesgo muy alto para cualquier tipo de inversión económica. Si puede, tome como principio en su vida el no salir de garante de otras personas.

Saliendo de garante

Si va a salir de garante de otras personas, debe considerar lo siguiente:

1. Tiene que asegurarse de que podría cubrir todo el monto de la deuda y no le causaría problemas en su estilo de vida ni en la paz familiar.
2. Debe estar en condición de regalar el dinero por el cual saldrá de garante.
3. Debe estar seguro de que la persona avalada tiene

todas las intenciones de pagar.

4. Retírese de la situación lo antes posible.

Negocios

Cuando tome una deuda para comenzar un negocio, haga lo que hacen los negociantes de más éxito: ponga en riesgo solamente 50% de su activo. Si le va mal en el negocio, no solamente no tendrá deudas sobre su espalda, sino que tendrá el otro 50% para comenzar otro negocio.

Negocios II

Aprenda a comenzar «desde abajo» en sus negocios y a construirlo solamente con dinero en efectivo.

Tomará mucho más tiempo, pero será mucho más sólido. Hay un gran número de negocios, tanto en Estados Unidos como en toda Latinoamérica, que, a pesar de manejar cifras multimillonarias, no trabajan con créditos. Son esos los negocios que por lo general sobreviven los tiempos de economía tumultuosa y los que compran por «baratija» aquellos negocios que confiaron fuertemente en su capacidad para pedir crédito.

Recreación

Temporada

Dentro de lo posible, planea tus vacaciones fuera de temporada. Todo te saldrá mucho más barato. Averigua con las compañías aéreas cuáles son las fechas que ellos consideraría «pico» en el área que tu o tu familia quieren visitar.

Acampar

Considera la posibilidad de acampar durante las vacaciones para evitar gastos de hotel y restaurante. Los lugares de campamento están mejorando marcadamente en éstos últimos años y uno puede encontrar algunos en los que la familia se sienta cómoda. Pregunta a tus amigos por lugares recomendables.

Ahorrar en equipo

Para ahorrar en el equipo para acampar, varias familias amigas podrían comprar juntos un equipo para acampar, distribuir entre ellos los costos y luego turnarse en el uso del mismo.

El lugar

Elije lugares de vacaciones en sitios cercanos al lugar donde vives. Te sorprenderá saber que hay mucha gente que viaja cientos de kilómetros para vacacionar cerca de tu hogar. ¿Por qué has de viajar tú cientos de kilómetros para vacacionar cerca de la casa de otra gente? Los ahorros pueden ser bastante grandes. Lo importante es ser creativos.

Intercambio de casas

Trate de intercambiar casas con una familia amiga y de confianza que viva en otra área a fin de poder disfrutar de vacaciones económicas. Los costos de hotel y restaurantes (especialmente si la familia es grande) pueden tomar la mayor parte del presupuesto de las vacaciones.

Entretenimiento

Use juegos de mesa en vez de salir de paseo en el lugar donde está pasando sus vacaciones. Use, por ejemplo, algunos de los juegos que se recibieron en Navidad y en Reyes pero que aún no se han utilizado.

A medias

Considere la opción de ir de vacaciones con otras familias para reducir los gastos y aumentar el compañerismo.

Muchos niños prefieren esta opción porque les da la oportunidad de divertirse con jovencitos de su propia edad.

Avión

Si viaja por avión, trate de comprar asientos en los vuelos más económicos. Si es paciente, puede conseguir diferencias de 40% o más. Por ejemplo, a veces los viajes de noche o en la madrugada pueden ahorrarle de 10 a 20% del costo del viaje. Pregunte por otras restricciones que le permitan disminuir los gastos del boleto, especialmente si no estás restringido en el horario y fechas de llegada y de salida.

Lo importante

Recuerda que lo importante al momento de salir a recrearse con la familia no son los juegos que se juegan ni los paisajes que se ven. Lo más importante es el poder disfrutar de la companía de cada uno y poder terminar el tiempo de recreación con lindas memorias.

¿Dónde comienzas?

Comienza a disfrutar de tus vacaciones desde el mismo momento en el que comienzas tus vacaciones. Muchas veces perdemos calidad de tiempo juntos porque estamos desesperados por llegar a «descansar y disfrutar la vida» en nuestro lugar de destino. Empieza a descansar y a disfrutar la vida con el primer paso que des más allá de la puerta de tu casa.

Ahorros

No compres solamente tu boleto de avión con más de 21 días de anticipación. También toma la costumbre de reservar el auto que habrás de alquilar y el hotel en el que estarás con, por lo menos, esa cantidad de días. Te evitarás sorpresas de último momento y conseguirás mejores precios.

Llegar tarde

Si debes parar en un hotel por el camino para descansar y es bastante entrada la noche, pregunta si no te darían un descuento. Recuerda que, de no ser por ti, esa habitación se quedará vacía el resto de la noche y para el hotelero, como dice el refrán, siempre es mejor «pájaro en mano, que cien volando».

Club de turismo

Si a ti o a tu familia les gusta salir de paseo, hazte socio de algún club de «viajero frecuente» que tenga una compañía de turismo o empresa de aviación. También disfruta con frecuencia de los lugares turísticos que tenga la Obra Social o Sindicato que agrupa a los trabajadores de tu ramo.

Prevenir y no curar

Empieza a ahorrar para tus vacaciones, por lo menos, con 10 meses de anticipación. Separa un poquito de dinero cada semana y guárdalo en algún jarro oscuro en la alacena. Si tienes adolescentes, ¡asegúrate de que no lo encuentren!

Presupuesto

Cuando llegue el momento de salir de vacaciones, reparte el «dinero para divertirse» entre los miembros de la familia. Ese dinero es la cantidad que tiene cada miembro de la familia para su diversión personal y para comprar regalos, juguetes y recuerdos. Entre todos deben hacer un serio compromiso de que una vez que se les acabe este «fondo de diversión» no habrá más dinero para gastar. Esta costumbre, enseñará importantes lecciones a los más jovencitos, evitará riñas y discusiones innecesarias, eliminará el descontrol personal y, sobre todo, evitará excederse en el área de los «gastos varios» que siempre parecen un «barril sin fondos» cada vez que nos vamos de vacaciones.

Vestimenta

Ahorrar regularmente

Acostúmbrese a ahorrar para la vestimenta personal o familiar todas las semanas. A pesar de que no use el dinero cada semana, de todas maneras guarde el dinero en un sobre o jarra para tener suficiente como para evitar comprar a crédito.

Educación

Eduque a su familia en cuanto al cuidado de la ropa. Discipline a sus niños para que cumplan buenas costumbres en el cuidado de la vestimenta. Los niños crecen rápidamente, pero tienen toda la capacidad del mundo de destruir la ropa que visten aun más pronto de lo que crecen.

Coser en casa

Aprenda a confeccionar y arreglar ropa en casa. Confeccione tanta ropa para los niños como su tiempo le permita. (Como promedio, ahorrará entre 50 y 60%).

Reciclar

Aprendamos a reciclar la ropa usando nuestros recursos y nuestra inventiva en vez de convertirnos en simples consumidores. ¿Cuántas familias hay que, solo porque gozan de una mejor posición económica, tienen guardarropas llenos con elementos que ya no utilizan porque están «fuera de moda»?

Conjuntos

Escoje conjuntos que se puedan utilizar en múltiples combinaciones.

¿Necesidad o gusto?

Muchas familias con ingresos elevados gastan excesivamente en vestimenta. Revise sus principios y valores. Considere si en realidad es importante tener siempre la ropa de última moda. ¿Reflejan sus compras una necesidad de su persona o su familia, o refleja su ego? ¿Compra ropa para satisfacer una necesidad o un gusto?

Lista escrita

Haga una lista *escrita* de las necesidades de ropa, y compre las cosas fuera de temporada, siempre que sea posible. Eso le ayudará a tener un plan específico que cumplir con respecto a la vestimenta y podrá comprar lo que realmente necesita cuando lleguen las ofertas especiales.

Lugares alternativos

Frecuentemente son las tiendas de descuento que venden ropa «de marca» pero sin la etiqueta. Para obtener buenos precios en mercadería de calidad, vaya a las tiendas que venden directamente de fábrica.

Segunda selección

A veces, en negocios de «segunda selección» puede conseguir ropa a precios mucho más bajos que, por tener pequeños daños, las fábricas no pueden vender a tiendas regulares. Muchas veces las fallas son insignificantes y (si eres de un talle más pequeño), ¡hasta pueden quedar totalmente fuera de la prenda!

Salud

Digestión

Si quiere digerir apropiadamente, aprenda a comer en paz. Le ayudará a mantener tanto su cuerpo como su familia en un mejor estado de salud.

Ejemplo

Acostúmbrese a comer, por lo menos, una comida con toda la familia cada día. La Asociación de Especialistas en Nutrición de California dice que los niños tienen la tendencia de imitar los hábitos de los mayores aprendiendo a elegir alimentos más nutritivos y saludables cuando sus padres no se encuentren presentes.

Colesterol

Coma tantas claras de huevo como quiera, pero evite comer las yemas. La yema de un solo huevo tiene toda la cantidad de colesterol que su cuerpo necesitará para el resto del día. Limítese a comer huevos y sus derivados solamente dos o tres veces por semana.

Pérdida de calcio

La gente que, en vez de tomar un vaso de leche, toma bebidas con cafeína, como el café, el té y los refrescos, pueden no estar recibiendo la suficiente cantidad de calcio en su cuerpo, e incluso, pueden estar perdiendo este importante componente de nuestros huesos. Se ha comprobado que una taza de café puede hacerle perder a través de la orina hasta seis miligramos de calcio más allá de la cantidad que su cuerpo pierde en forma natural.

Remedios genéricos

Cuando vaya a comprar un remedio recetado (especialmente en Estados Unidos), pregunte si la receta que le dieron tiene un producto paralelo genérico. El producto genérico (sin marca) por ley debe ser idéntico al de marca, excepto que no tiene los costos de promoción que tienen los productos de marca registrada. En casa siempre compramos las versiones genéricas de las recetas, nos ahorramos una buena cantidad de dinero, y nunca hemos tenido problemas.

Remedios múltiples

A menos que tenga síntomas múltiples cuando esté afectado de un catarro, no compre remedios que solucionan múltiples problemas, a menos que se lo recomiende su doctor. Por ejemplo, cuando tengo tos, no compro un remedio para la tos, la fiebre y la congestión nasal. Generalmente cuestan más caros y, en realidad, no lo necesito.

Prevenir...

Nos guste o no, los dentistas tienen razón: mejor es prevenir que curar. La forma más barata de mantener una boca saludable es prevenir las caries y problemas dentales manteniendo al día la limpieza bucal. Trate de evitar las comidas entre comidas para mantener sus dientes libres del sarro que los deteriora. Treinta y cinco por ciento de las enfermedades de las encías y la caída de los dientes se debe, primordialmente, a la enfermedad de nuestras encías. Hay que cuidarlas.

Pastas alternativas

Si por alguna razón alguna vez no puede conseguir pasta dental, trate de cepillarse los dientes con un ingrediente casero altamente efectivo: bicarbonato de sodio. Simplemente moje el cepillo y luego húndalo en el bicarbonato para formar una pasta con la que se puede limpiar los dientes. No sabe como su favorita pasta dental, ¡pero es efectiva!

Estrategia dental

La idea principal detrás de la costumbre de cepillarnos los dientes es el tratar de evitar que la comida (especialmente los azúcares) formen el sarro que destruye nuestros dientes. Entonces acostúmbrese y acostumbre a su familia a cepillarse los dientes después de las comidas. Eso significa cepillarse después del desayuno y no permitirles que tomen jugos o coman algo hasta la siguiente comida. Luego, cepillarse después de comer y esperar para comer de nuevo a la cena.

Picaduras, etcétera

Para sentirse mejor después de picaduras de insectos, picazón de la piel o quemaduras leves de sol, diluya ½ taza de bicarbonato de sodio en la tina de agua donde se habrá de dar un baño.

Picaduras de abejas

Si le pica una abeja, podrá aplacar el dolor mojando levemente el lugar de la picadura y cubriéndolo con sal. También puede derramar amoniaco sobre la picadura para que le deje de picar. (¡Cuidado: el amoniaco y los niños es una mezcla peligrosa!).

Emergencias

Conozca dónde están las clínicas y hospitales que hay a su alrededor. Quizás necesite algún día usar sus servicios de emergencia y algunos minutos perdidos ahora pueden ser un factor decisivo en casos de vida o muerte. En Estados Unidos, donde casi un tercio de la población se muda cada año, el problema de tener gente que no sabe dónde están los servicios de emergencia es creciente.

Inmunizaciones

Mantenga a sus niños al día con todas sus vacunas. El no hacerlo no solo significa que quizás tenga que perder días de trabajo para cuidarlos o llevarlos al doctor, sino que (y esto es lo más importante) está colocando la salud y la vida de sus hijos en peligro.

Aspirinas

Ciertos estudios indican que una aspirina tomada día por medio puede reducir el riesgo de ataques cardíacos, ciertos tipos de embolias y algunos tipos de cánceres entre otras enfermedades. Vale la pena que le pregunte a su médico si debe comenzar a tomarlas.

Calcio y gas

No tome bebidas con gas juntamente con alimentos ricos en calcio o pastillas de calcio. La mayoría de las gaseosas tienen ácido fosfórico, que bloquea la absorción del calcio por la sangre.

Hierro

Cocine en ollas de hierro si quiere absorber más de este importante elemento que permite la oxigenación de su cuerpo. De acuerdo a algunos estudios importantes realizados en Estados Unidos, una sopa que ha sido colocada en una cacerola de hierro contiene 30 veces más hierro que una sopa normal.

Cigarrillo

Deje de fumar. Si vive en Estados Unidos, le está costando aproximadamente unos $1.000 al año. Si vive en cualquier parte del mundo, de todos modos, le está costando también la vida.

Camine

Si camina para ejercitarse diariamente, no solamente bajará de peso y se mantendrá en forma, sino que también ayudará a su cuerpo a desarrollar un sistema inmunológico más fuerte. Consulte con su médico.

Vitamina C

La vitamina C trabaja como el basurero del cuerpo: se encarga de levantar y acarrear todo tipo de «basura» que encuentra a su paso (incluso virus que producen la gripe). Tome suficiente vitamina C todos los días para sentirse mejor, bajar el nivel de colesterol, y recuperarse más rápidamente de los catarros y del ciclo premenstrual.

Fluoruro

Si el agua que está tomando no tiene flúor (generalmente se le agrega este componente al agua de las ciudades), puede recibir una cantidad de este importante elemento químico tomando té.

Una taza de té negro tiene más fluoruro que la misma cantidad de agua con flúor agregado en las plantas de agua potable de la ciudad.

Hipo

Tome una cucharada de azúcar como una simple receta para deshacerse del hipo en un santiamén.

Seguros

Seguro de vida

Cuando la gente habla de seguros de vida, la primera pregunta es: ¿cuánto seguro comprar? Ni mucho, ni poco.

Eso dependerá de cada familia e individuo. Estas son algunas de las preguntas que nos deberíamos hacer:

1. ¿Cuántas deudas tengo?
2. ¿Cuánto hace falta para terminar de pagar la hipoteca de mi casa?
3. ¿Tenemos niños/as de corta edad?
4. Si el esposo es el único que trae un sueldo a la casa, ¿quiere la esposa salir a trabajar si fallece su esposo, o quiere quedarse en casa hasta que los hijos/as sean mayores de edad?
5. ¿Cuánto dinero debería recibir la esposa por parte del gobierno si el esposo fallece?
6. ¿Cuánto más le haría falta para no tener que salir a trabajar, si esa es su elección?
7. ¿Cuánto dinero debería haber en inversiones para generar esa entrada «extra» de dinero en intereses?
8. ¿Cuánto costará la educación de los hijos/as? ¿Quiere dejarse algo en el seguro de vida para pagar parte de esos gastos?
9. ¿Cuánto será el costo total del funeral y el entierro?
10. ¿Quiero dejar algo para alguna obra de beneficencia o para mi comunidad de fe (iglesia, sinagoga, etcétera)?
11. ¿Hay algún otro gasto asociado a mi desaparición que debo tomar en cuenta?

La responsabilidad

Es la responsabilidad de aquellos que traemos el pan a nuestro hogar el proveer para nuestra familia cuando pasemos de este mundo. Si vive en Estados Unidos o en el Canadá no tiene excusa: los seguros de vida son baratos y fáciles de obtener. No podemos dejar a nuestra familia con la carga de las deudas de nuestras inversiones, de nuestros sueños, y hasta de nuestro propio funeral.

Reducción del Seguro

Reduzca la cantidad de seguro que tiene a medida que

pase el tiempo. No es lo mismo dejar suficiente para cuidar de su cónyuge, que cuidar del cónyuge y los hijos.

Calificación

En Estados Unidos asegúrese de que la compañía de seguros que elija tenga una calificación de por lo menos B+. En estos días las pequeñas compañías de seguros aparecen y desaparecen del mapa repentinamente. Para toda Latinoamérica: le conviene hacer negocios con una compañía establecida y reconocida en su país. Mejor prevenir que curar.

Seguro de viaje

No compre seguro de vida para sus viajes si ya tiene un seguro de vida regular. Las estadísticas demuestran que no es muy probable que fallezca en un viaje, y además, su seguro de vida regular debería cubrir todas las necesidades de la familia en caso de su desaparición repentina.

Seguro del auto

Recuerde que el seguro del auto es para cubrir los costos que usted no puede cubrir con sus propios ahorros. Compre seguros con deducibles. Cuanto más dinero tiene que pagar usted antes de que el seguro comience a pagar, menor será la prima mensual. Por supuesto, debe estar seguro de tener suficiente dinero ahorrado como para pagar el deducible en caso de que tenga un accidente. Si maneja cuidadosamente, puede ahorrar una buena cantidad de dinero en sus pagos mensuales.

Descuentos

Algunos seguros ofrecen descuentos por no haber tenido accidentes en una cierta cantidad de años, y otros ofrecen descuentos por haber tomado algún curso de manejo defensivo del vehículo. Preguntar a su agente de seguros no cuesta nada y, sin embargo, le puede ahorrar dinero mes tras mes.

Garantías extendidas

Solo compre garantías «extra» si realmente no podría dormir tranquilo en la noche. Si no, permítame decirle que personalmente creo que esas garantías son una pérdida de dinero. Es cierto que existen las excepciones a la regla, pero en la mayoría de los casos, las cosas que se construyen en estos días no necesitan que les compremos una garantía más allá de la que ya viene de fábrica. Más vale ahorrar el dinero y recibir los intereses.

PMI (en EEUU)

En Estados Unidos existe un seguro que se debe pagar cuando compra una casa con menos de 20% de enganche o anticipo. Se llama «Private Mortage Insurance» (Seguro Privado de Hipotecas) o P.M.I.

Este seguro le cuesta entre $500 y $1.500 anuales y usted lo paga para beneficiar al prestamista de dinero. La buena noticia: puede ser cancelado después que paga 20% del valor de su residencia. La mala noticia: la cancelación no es automática. Usted debe comenzar el proceso de cancelación. Pregúntele a su banco prestamista cuáles son los pasos que ellos requieren para cancelar el PMI.

Revisión de pólizas

Revise su póliza de seguros del auto por lo menos una vez al año. Busque otras compañías y mejores precios. Se sorprenderá de los ahorros que puede lograr simplemente poniendo en práctica un principio que ha dado resultados extraordinarios a través de los tiempos: la competencia.

Gastos Varios

Perfume

Si coloca un perfume costoso en el refrigerador, podrá lograr que le dure, por lo menos por dos años. Si a una fragancia se la expone al aire, al calor o a la luz solar, inmediatamente comienza a cambiar.

Desodorante alternativo

No mucha gente sabe que uno puede usar alcohol como un efectivo desodorante tanto debajo de los brazos como en los pies. Por un lado, es extremadamente efectivo para matar las bacterias que causan el mal olor, y por otro, seca rápidamente y cuando lo hace no tiene olor. Puede colocar un poco de alcohol en una pequeña botella con un atomizador para rociar una fina capa sobre la piel, o puedes usar algodón.

Tratamiento de reyes

Nuestros codos muchas veces tienen manchas oscuras por la cantidad de trabajo al que se ven expuestos. En vez de pagar por un tratamiento cosmético complejo, ahórrese el dinero y gástelo en otra cosa más importante para usted. Para resolver el problema de nuestros codos manchados, simplemente corte un limón por la mitad y coloque cada codo dentro de una de las mitades del limón por unos 10 minutos. (Si quiere mantener el respeto de amigos y familia, ¡este es un ritual que debe hacer a solas!). El jugo de limón removerá esas manchas que hacen que sus codos parezcan estar sucios. Luego, tome un baño como siempre lo hace, pero antes de terminar, restriegue las mitades del limón por todo su cuerpo. Séquese con la toalla y aplique una loción para el cuerpo. Se sentirá como una reina (o un rey), sin haber gastado el dinero en un spa.

Máscara facial

En vez de un caro producto de perfumería, trate usar leche de magnesia como una máscara relajante. Distribúyala por todo su rostro evitando el contacto con los ojos. Déjela que actúe por una media hora. Lávese con agua tibia y séquese dándose palmaditas en el rostro.

Teñido del cabello

Una señora amiga recomienda un excelente producto con el que se tiñe el cabello: la tintura para el cabello de los caballeros. Puede tratar, produce el mismo resultado, cuesta la mitad, y dura el doble de las tinturas similares que se mercadean exclusivamente para damas.

Costos de barbería

Pídale a un buen barbero amigo que le enseñe a cortar el cabello de sus niños/as. En algunos países uno puede conseguir, incluso, videos que explican cómo hacerlo. No es difícil. Nosotros lo hemos estado haciendo por años y nos permite ahorrar en el costo de llevar a la familia a la barbería. Eso sí: asegúrese de aprender bien antes de tocar esa tijera... ¡o los amiguitos de sus herederos se encargarán de arruinarle los ahorros!

Arreglando sus uñas

¿Se le partió una uña? La puede enmendar con la bolsita de un saquito de té. Primero abra el saquito, descarte el té y corte la bolsita de tal manera que encaje perfectamente con su uña. Luego colóquelo sobre la uña dañada y píntela con esmalte para uñas transparente.

Esmalte de uñas

Restriégate las uñas con vinagre blanco, lávatelas y

sécalas por completo. Ahora, aplícate el esmalte de uñas. Te adherirá mejor y te durará mucho más.

Esmalte sellado

Para que no se te selle duramente la tapa de tu esmalte de uñas, simplemente coloca un poco de aceite de cocinar en un pedacito de algodón y aplica el aceite con el algodón alrededor del lugar donde enrosca la tapa antes de cerrarla.

Hojas de afeitar

Si secas con cuidado tus hojas de afeitar después de usarlas en vez de simplemente enjuagarlas y dejar que se escurran, te durarán mucho tiempo más.

Shampoo

No caigas en la trampa que te tienden las compañías que mercadean las diferentes marcas de shampoo. En un estudio realizado en 1992 entre 132 marcas de shampoo, la famosa revista «*Consumer Reports*» descubrió que las marcas más baratas que se consiguen en cualquier supermercado no tienen nada que envidiarle a las marcas exclusivas de los salones de belleza, que, generalmente, se venden mucho más caras.

Limpieza facial

El bicarbonato de sodio mezclado con un poquito de agua puede ser un excelente producto de limpieza facial.

Tratamiento de pies

Para tratar a tus pies como los pies de la familia real, no necesitas ir a un lugar especializado. Para revitalizar a esos piecesitos que han trabajado todo el día y para suavizar la piel rápida y efectivamente, simplemente mezcla 4 cucharadas soperas de bicarbonato de sodio en un litro de agua caliente. Colóca la mezcla en un contenedor lo suficientemente grande como para , luego, remojar tus piés en él por unos 10 minutos. ¡Disfrútalo!

Secreto para damas

Cuando se trate de comprar desodorante sin perfume, espuma (o gel) para afeitarse y productos para la coloración del cabello, compra los que se venden para hombres. Este tipo de productos, cuando son producidos explusivamente para hombres salen, comparativamente, más barato y duran lo mismo o aún más que los que se mercadean entre las damas.

Una nota personal de parte de Andrés...

En la medida que concluyo este libro sobre prosperidad integral, me gustaría dejarle saber a usted una convicción personal: mi creencia en que existe una fuente de los principios y valores sobre los que hemos hablado en el tiempo que pasamos juntos. Personalmente, creo que existe un Creador, Dios y Padre de todos nosotros, quien es la fuente de donde emanan todos y cada uno de los Principios del Tao que hemos aprendido al comienzo de este libro. Él los creó y los estableció en la naturaleza. También de Él surgen y son posibles los valores personales de que hemos expuesto.Pienso también que cada uno de nosotros tiene una carrera que Dios nos ha puesto por delante. Él tiene un plan para cada uno de nosotros; y en la medida en que corremos efectivamente esa carrera, que cumplimos con ese plan, nos sentimos más o menos satisfechos en la vida.Creo que hay partes de nuestro ser que no se pueden cambiar simplemente con tratar de «hacer» las cosas diferentes. Uno simplemente tiene que «ser» diferente; y para ser diferente, uno necesita «conectarse» y pedir ayuda de lo alto... Theliard de Chardin solía decir: «Nosotros no somos seres humanos que tienen una experiencia espiritual; somos seres espirituales que tienen una experiencia humana».Espero que a lo largo de este libro haya podido yo tocar tanto su experiencia espiritual como su experiencia humana. Deseo de todo corazón, por un lado, poder haberle ayudado a manejar mejor su dinero semana tras semana, mes tras mes. Por el otro, espero también haber dejado el tipo de huellas en su vida que no solamente le ayuden a llegar al final de la carrera, como decíamos al principio, sino que le ayuden a llegar al final de la misma todavía con su antorcha encendida.

¡Sea un Maestro o Consejero en
Mayordomía Bíblica!

Pida nuestro Curso de Liderazgo Económico

El programa de **Maestros y Consejeros Conceptos Financieros** consiste en entrenar voluntarios dentro de nuestras propias comunidades para servir a las necesidades de individuos y familias que hablan español. Cada maestro o consejero en mayordomía bíblica no está oficialmente ligado a Conceptos Financieros sino que trabaja directamente dentro de la organización o iglesia a la cual pertenece.

El maestro como el consejero en mayordomía bíblica está capacitado para enseñar los estudios de Conceptos Financieros; entre ellos, "Cómo manejar su dinero" y "Finanzas familiares". También pueden enseñar a otros a controlar sus gastos preparando un presupuesto con "El Cuaderno de Planificación Financiera" y el video "Cómo armar un presupuesto familiar".

Para mayor información póngase en contacto con :
Conceptos Financieros
El Departamento Hispano de Crown
Financial Ministries
601 Broad St SE - Gainesville, GA 30501
Tel. (770) 532-5750

CARIBE
BETANIA
EDITORES

www.caribebetania.com

www.conceptosfinancieros.org